U0608328

『通古察今』系列丛书

姜海军 著

# 蒙元兴衰启示录

河南人民出版社

# 图书在版编目(CIP)数据

蒙元兴衰启示录 / 姜海军著. — 郑州 : 河南人民出版社,2021. 1(2024. 1重印)

("通古察今"系列丛书)

ISBN 978 - 7 - 215 - 12245 - 1

Ⅰ. ①蒙… Ⅱ. ①姜… Ⅲ. ①中国历史 - 研究 - 元代 Ⅳ. ①K247.07

中国版本图书馆 CIP 数据核字(2020)第 225404 号

**河南人民出版社** 出版发行

(地址:郑州市郑东新区祥盛街 27 号 邮政编码:450016 电话:65788072)

新华书店经销　　　　　永清县晔盛亚胶印有限公司印刷

开本　787 毫米×1092 毫米　　1/32　　印张　7.625

字数　109 千字

2021 年 1 月第 1 版　　　　2024 年 1 月第 2 次印刷

定价:58.00 元

# "通古察今"系列丛书编辑委员会

顾　问　刘家和　瞿林东　郑师渠　晁福林

主　任　杨共乐

副主任　李　帆

委　员　（按姓氏拼音排序）

安　然　陈　涛　董立河　杜水生　郭家宏

侯树栋　黄国辉　姜海军　李　渊　刘林海

罗新慧　毛瑞方　宁　欣　庞冠群　吴　琼

张　皓　张建华　张　升　张　越　赵　贞

郑　林　周文玖

# 序　言

在北京师范大学的百余年发展历程中，历史学科始终占有重要地位。经过几代人的不懈努力，今天的北京师范大学历史学院业已成为史学研究的重要基地，是国家首批博士学位一级学科授予权单位，拥有国家重点学科、博士后流动站、教育部人文社会科学重点研究基地等一系列学术平台，综合实力居全国高校历史学科前列。目前被列入国家一流大学一流学科建设行列，正在向世界一流学科迈进。在教学方面，历史学院的课程改革、教材编纂、教书育人，都取得了显著的成绩，曾荣获国家教学改革成果一等奖。在科学研究方面，同样取得了令人瞩目的成就，在出版了由白寿彝教授任总主编、被学术界誉为"20世纪中国史学的压轴之作"的多卷本《中国通史》后，一批底蕴深厚、质量高超的学术论著相继问世，如八卷本《中国文化发展史》、二十卷本"中国古代社会和政治研究丛书"、三卷本《清代理学史》、五卷本《历史文化认同与中国统一多民族国家》、二十三卷本《陈垣全集》，以及《历史视野下的中华民族精神》《中西古代历史、史学与理论比较研究》《上博简〈诗论〉研究》等，这些著作皆声誉卓著，在学界产生较大影响，得到同行普遍好评。

除上述著作外，历史学院的教师们潜心学术，以探索精神攻关，又陆续取得了众多具有原创性的成果，在历史学各分支学科的研究上连创佳绩，始终处在学科前沿。为了集中展示历史学院的这些探索性成果，我们组织编写了这套"通古察今"系列丛书。丛书所收著作多以问题为导向，集中解决古今中外历史上值得关注的重要学术问题，篇幅虽小，然问题意识明显，学术视野尤为开阔。希冀它的出版，在促进北京师范大学历史学科更好发展的同时，为学术界乃至全社会贡献一批真正立得住的学术佳作。

当然，作为探索性的系列丛书，不成熟乃至疏漏之处在所难免，还望学界同人不吝赐教。

北京师范大学历史学院
北京师范大学史学理论与史学史研究中心
北京师范大学"通古察今"系列丛书编辑委员会
2019 年 1 月

# 目 录

# 前　言

　　蒙元王朝在人类文明史上如同流星一样划过，但是它却在史书中留下了重重的一笔。作为历史中的一页，它在很多方面值得我们学习和思考，比如：它为何迅速壮大？如何治理史上如此庞大的王朝？如此庞大的王朝为何短期内就土崩瓦解？我们该如何评价它以及它留给我们什么样的历史启示？对于这些问题，已经有很多学者做了研究，有的还形成了专题著作和系列论文，有的话题甚至还得到了很多海外学者的关注和研究。不论如何，蒙元王朝的兴衰成败都是中华历史上不可忽略的存在，是值得我们深思与研讨的历史现象。

# （一）蒙元是中华文明的一环

蒙元王朝的兴起有它独特的历史背景及发展模式，它的发展也汲取并发展了中华传统文化，由此可以说它是中华文化的传承者，更是中华文明的推动者，它是中华民族不可或缺的重要组成部分。对此，如刘迎胜先生所言：

元朝的建立，就是北方民族从建立地方性政权到全国性政权的转折。成吉思汗的父祖与他本人的青年时代，蒙古与其他草原游牧部落均曾为辽金的属部。蒙古族从成吉思汗起，历经70年时间，经太宗窝阔台、定宗贵由、宪宗蒙哥与世祖忽必烈五代君主，积其祖孙三代人之努力，终于统一中国，并使吐蕃、云南首次进入中国的版图。因此，元朝不但是北方民族首次建立的疆域包括整个中国的政权，也是将我们前面提到的数千年来形成的农耕区与草原的相邻关系，发展成共生关系的重要时期。元代在为前朝编修历史时，

将辽、金、宋均视为正统，就是这一观念的最好
体现。因此我们今天可以讲，中华文明，既包括
了以农耕为基础的从仰韶、龙山等文化发展起来
的中原主流汉文化，也包括前面提到的以猃狁、
匈奴、鲜卑、铁勒—突厥—回鹘—黠戛斯、蒙古
为发展脉络的草原文化。因此我们可以用一句话
米概括：各民族共同创造中国历史论是一个有充
实内容的论断。这就是成吉思汗留给全中国人民
的伟大遗产。[1]

蒙元的建立不仅推动了北方草原游牧文明的发展，更是
将草原游牧文明与中原农耕文明连为一体，为中华文
明的发展注入了新的血液。随着政治中心的南移，它
进一步传承并推动了中华文化、文明的发展。在某种
意义上，它不仅保存了中原汉文化，更是推动了中原
农耕文明在更广阔领域内的发展、传播，将中华文明推
进到一个新的阶段，实现了中华民族有史以来文化、文
明在最大范围内的传播，尤其是儒家文化经由蒙元传播

---

[1] 刘迎胜：《蒙元史考论》，兰州：兰州大学出版社，2014 年版，第
638 页。

到了中亚甚至是欧洲。对此，姚大力先生也有这样值得关注的观点，他说：

> 或许可以用以下两点来概括元代汉文明的一般特征：它体现了平移式的横向拓展，而非向纵深的持续推进；它体现了对既有前沿成果的消化，从而导致各地域间发展差距的显著缩小。

> 能举以为证者包括：理学从南部中国向北方的传播；农业经济在汉文化各边缘地区，尤其是云南的发展；回回先民以与唐宋时期穆斯林世界向中国沿海都市的移民运动所具有的不可比拟的规模大批东来，由此而奠定今天的回族在全中国大分散、小聚居的分布态势；铜银双本位制实为明后期向银本位货币制过渡之准备；棉花种植从边缘向核心地区的大范围推广；等等。

> ............

> 对于中国最发达地区在元代经济衰退的意义，还很可能被不合理地放大……用明清中国来反衬元代在原先较发达的各地区内经济与社会发展的下行，只能因脱离具体历史背景而引发误解。

元对汉地社会的管治，系统地采纳了汉唐以
来具有专制君主官僚制性格的中原政治统治体
系。但是采纳中也有变化与外来成分的融入。[1]

姚先生的分析有一定的道理，蒙元自明清以来并没有
得到客观而真切的评价，相反不论是文化领域，还是
文明领域，都受到了学者的非议，以至于蒙元在中华
文明史上的地位被低估，甚至有时候被忽略。事实上，
蒙元在中华文明史上并不是发展的低谷时期，反而是
在以往的基础上继续发展，整体上推动了中华文明的
兴盛。换言之，蒙元王朝汲取了所占领地区在经济、
政治、文化、宗教、制度等各领域的成就，推动了所
统治区域的社会经济、思想文化的稳步向前，进而形
成了颇有特色的蒙元文明。就此而言，蒙元文明对中
华文明的传承与发展贡献甚大。不仅如此，作为中华
文明内核的儒家文化更是得到了蒙元的传承与发展，
实现了最大范围的传播。因此可以说，蒙元间接推动

---

[1]　姚大力:《汉文明在元时期:果真存在一个"低谷"吗?》，载张志
　　强主编《重新讲述蒙元史》，北京:生活·读书·新知三联书店，
　　2016 年版，第 110—113 页。

了宋学的传承与繁盛，成为宋代之后中华文化的主要推动者。对此，陈寅恪就曾做了高度评价：

> 宋元之学问、文艺均大盛，而以朱子集其大成。朱子之在中国，犹西洋中世之 Thomas Aquinas，其功至不可没。而今人以宋元为衰世，学术文章，卑劣不足道者，则实大误也。欧洲之中世，名为黑暗时代 Dark Ages，实未尽然。吾国之中世，亦不同。甚可研究而发明之也。[1]

在陈寅恪看来，宋代文化在中国古代属于巅峰，所谓"华夏民族之文化，历数千载之演进，造极于赵宋之时"。而作为宋代文化的延续，蒙元文化继承并发展了宋学，不仅成为宋学的重要组成部分，也为明清文化的发展奠定了重要的学术思想基础，由此蒙元被陈寅恪视为可以与宋代并立的王朝。换句话说，蒙元文化作为宋学的重要组成部分，与宋代文化一起推动了

---

[1] 转引自姚大力：《汉文明在元时期：果真存在一个"低谷"吗？》，载张志强主编《重新讲述蒙元史》，北京：生活·读书·新知三联书店，2016 年版，第 114—115 页。

中华文化尤其是儒家文化的传承与大发展。

可以说，蒙元在宋代的基础上，进一步传承、发展了中华文化，尤其是作为当时中华文化核心的程朱理学：一方面推动了程朱理学在更加广阔空间里的传习与发展；另一方面经由一批理学家在批判继承基础上的发展，使程朱理学的思想体系更加完善。这些都为明代继承、发展程朱理学以及王阳明心学的出现奠定了重要的学术基础。对此，如陈得芝先生所言：

> 宋室南迁后，理学在江南继续发展完善，朱熹集其大成，是为"程朱理学"。而北方的金朝虽然也以儒学为治国之道，但学者对宋理学采取批评态度，文化上更重词赋，科举取消经义，只考词赋、法律，南北学术遂歧。1235 年蒙古攻打德安（今湖北安陆），儒士赵复被俘并被带到燕京，设学院让他讲学和著述，北方儒者由此对程朱之学有了更深的理解，大为折服。经姚枢、许衡等人研习宣扬，理学渐成中原儒学主流，进而被蒙古统治者接受，成为国子学和州县（包括漠北各千户）官学教育的主流，影响扩展到蒙古、色目

人中，皆知江南学术之精良。……元仁宗实行科举，各族人考试经义都以朱熹《四书章句集注》为准，更使北人学习江南儒学蔚为风气。元朝廷尊崇朱学，对政治学术、思想文化、社会生活都产生了很大影响。[1]

南宋灭亡之际，程朱理学主要在江南地方被朱熹后学们传承发展，影响范围非常有限。蒙元建立之后，随着蒙古统治阶层尤其是忽必烈开始重视理学，经过汉儒赵复、姚枢、许衡等人的努力，程朱理学开始在黄河以北尤其是元大都（今北京）广泛传播。随后元仁宗时期，程朱理学被作为科举考试的必考内容，开始在全国，包括中亚、漠北等广大地区广泛传播，并成为当时文化的主流。很多蒙古贵族也开始研习儒学，依照儒家的礼仪与习俗生活。儒学实现了有史以来最大范围的传播，得到了更多少数民族的研习与践行。可以说，以儒学尤其是程朱理学为核心的中华文化在蒙元统治时期，得到了进一步的传承与发展，以及更

---

[1] 陈得芝：《蒙元史与中华多元文化论集》，上海：上海古籍出版社，2013 年版，第 198 页。

大范围的传播，为明朝理学的官学化及德性政治理念的推行奠定了重要的学术思想基础。

　　总之，我们不能将蒙元王朝与中国其他王朝进行简单的类比，更不能受到传统中西方史学成见的影响，低估蒙元王朝的贡献及作用，而是要在本质尤其是文化思想层面上对其进行分析。毕竟文明的核心与基石乃至灵魂在于文化、思想，而非表层的物质、制度。在全球文明的发展长河中，蒙元作为中华文明的重要组成部分，基于文化自觉而努力学习当时先进的中华文化、文明的精髓，反过来随着实力的增强，它又传承并推动了这一文明，从而为中华文明屹立于世界文明之林奠定了众多方面的基础。因此可以说，蒙元是中华文明中的重要一环。此后，明清在蒙元的基础上，进一步革故鼎新、继往开来，为今天中华民族的崛起、文明的发扬光大做了重要的铺垫。进而言之，元明清时期，中华文明实现了大一统，并在大一统的基础上于经济、社会、政治、文化、科技等领域实现了前所未有的发展，成为世界文明体系的重要组成部分。蒙元能够迅速兴起与壮大，成为横跨欧亚大陆的超级王朝，离不开它的文化自觉与兼容并包的精神，正如近代以来西方文明的兴起离不开对以往及当时先进文化的汲取与创新一样。尽管近代西方在崛起之际也坚持自己民族的本位文化，但与此同时它也相当包容，能够基于文化自觉与文化反省，不断地吸纳各个方面、各个时代的文化，进而在应对挑战的过程中建构出新的思想体系来指导自己的发展。如张旭东所言："现代西方文化思想体系之所以具有活力，原因之一就是它不断地把'他者'包容进来，不断地让'他者'来挑战自己，从而在同'异'和'变'的缠斗中不断地把'同'和'不变'阐释或生产出来。"[1]西方文化的活力，不仅源于它们自身的包容性，更是源于它们对真理的执着追求。文艺复兴以来基于科学思维的文化探索，使得西方文化充满了活力和思辨，由此推动了葡萄牙、西班牙、英国等的兴盛与强大。

## （二）蒙元的兴衰成败及其历史意义

对于蒙元史，学者们已做过不少研究，并出版了

---

[1] 张旭东：《全球化时代的文化认同：西方普遍主义话语的历史批判》，北京：北京大学出版社，2005年版，第3页。

一系列的论著。他们基于不同的问题意识与现实关怀，形成了许多新的思考与学术观点。正如有的学者所言：

> 蒙元史的研究最重要的还是对于历史事实本身的研究，但不可否认的是，历代史学家对这段历史的研究往往也是不断地对它进行重塑的过程，它们通常都与史家当时所处的时代的现实关怀有关。以前我们没有太注意区分历史研究应该包括的两个不同的层次，一个是对历史事实的考证和重建，一个是对历史的叙述和再现（presentation），而就是在这后一个层面上，通常更能体现出历史研究与当下现实社会和文化的联系，以及它对于当下的价值和意义。[1]

蒙元作为中国古代的一个朝代，虽然短暂，但却对中国乃至世界文明产生了深远的影响。一些新近流行的蒙元史观点，持有与很多新清史学者相似的研究视角。

---

[1] 沈卫荣：《重新建构蒙元史叙事：中国学者面临的重要学术挑战》，载张志强主编《重新讲述蒙元史》，北京：生活・读书・新知三联书店，2016年版，第12页。

他们一般都将蒙元和清这两个王朝从中国历史叙事中剥离出去，以期将它们放在全球史、欧亚史的框架内进行重新思考与定位，这对于我们研究蒙元史、清史无疑有重要的学术启示意义。但是，这种理念与思路却忽视了基本的客观历史与史学研究的立场问题，以至于遭到了很多海内外史学家的普遍质疑。

这个论题显然与本文也有一定的关联，因为它不仅关系到蒙元在中华文明史上的历史意义及其历史地位的评价问题，也关系到当前文明史观的问题。换言之，很多学者及历史爱好者所关注的关于蒙元是不是中国的一个王朝，其实就涉及了王朝的正统性问题。实际上，有关王朝的正统性，孔子、欧阳修等古人都发表了很多的相关论说，而这些论说始终没有忘记将文化视为一个重要的衡量标准。换句话说，文化中国比地理中国更有意义，也更符合孔子、欧阳修等人的基本理念。

实际上，蒙元不论是入主中原，还是建立类似中原政权的元朝，都存在着正统性的问题。尤其在一直流行的"华夷之辨"问题上，如何打开当时中原社会精英阶层的心结就变得至关重要。对此，郝经、许衡等人通过强调"用夏变夷"的解释以及"得君行道"的实践，打破了传统的"华夷之辨"这个观念桎梏，从而为元朝立足中原、成为中华正统以及更多的汉族士大夫入仕元朝提供了理论依据。正如有学者所总结的：

> 郝经进而提出非常重要的政治命题："今日能用士，而能行中国之道，则中国之主也。"正如人们所熟知的，宋代理学家在承继三代和重建"内圣外王之学"的过程中，升华或发展了"道"、"道统"和"君统"等一系列概念。"道统"即"圣人之教"，"君统"（治统）即"天子之位"。士大夫则往往是道的载体，在"道统"与"君统"不一致时，士大夫有责任"致君行道"。郝经是"专治六经"起家的，又喜好伊洛之学，且曾与理学名家赵复交结，所以，他对这套理论是心领神会的。郝经实际上是把"道"、"道统"和"君统"等理学概念引入正统及华夷认识，解决所遇到的疑难和矛盾。这样，郝经以上命题的含义就比较清楚："中国之道"就是圣人之道的代名词，"中国主"则是中国

正统君主的简称。无论汉族、女真、蒙古的统治者，只要能重用士大夫，只要能行圣人之道，就可以达到"道统"和"君统"的合一，就可以成为中国正统的君主。[1]

宋代，宋王朝与周边的西夏、辽、金的冲突使得中原儒士大夫们对"华夷之辨"颇为重视，当时大谈"华夷之辨"的春秋学成了学术界的显学。在宋儒看来，华夏与周边的少数民族"夷狄"基于有无礼乐文化而形成了截然不同的文明体系：辽、西夏、金等属于没有礼乐文化的"夷狄"政权，按照传统观念自然不能算是中华正统。在这种背景下，随着北方少数民族蒙古入主中原并建立起一个类似中原汉族政权的王朝，其正统性、合法性势必同样会遭到挑战。蒙元王朝如何实现对自身政权合法性、合理性的解释，就显得至关重要。郝经改造了传统的"华夷之辨"理论，强调不论华夏与夷狄，只要能够重用儒士大夫且传承、推行儒家之道，就是中华正统，所谓"今日能用士，而能

---

[1] 李治安：《元史暨中古史论稿》，北京：人民出版社，2013年版，第169页。

行中国之道，则中国之主也"。这就打破了传统夷夏有别的观念，将道统、治统合一，为蒙元政权重视儒学提供了学理说明。为了赢得中原儒士大夫的文化认同，从窝阔台开始就重视儒学，到了忽必烈时代，由于元朝的建立就更加重用儒士阶层，并在更广阔的领域推广程朱理学，这自然为蒙元在中原的合法存在及儒士大夫对其的认同提供了可能。

　　蒙元无疑是中华文明的重要组成部分，但关于蒙元王朝的历史贡献及地位，自古以来无论是欧美还是国内史学界都有很多不同的观点，包括非常流行的"崖山之后无中华"。实际上，这些都与中国传统的"华夷之辨"观念有一定的联系。虽然蒙元在理论和实践上打破了传统观念的束缚，完成了对政权合法性、合理性的解说与实践，但在实际情形中，蒙汉政治文化的二元性依然存在，这也是导致中原儒士大夫贬低蒙元、视之为夷狄的重要原因。不论如何，蒙元在建立之后，传承、发展了中华文化、文明，成为中华文明不可或缺的组成部分。可以说，学术界对蒙元的历史文化越来越重视，相关的研究者和论著也越来越多。他们围绕具体细节做了大量深入的研究，并进而得出各具特色的结论，极大地推动了蒙元史研究的兴盛。

本文重点探讨蒙元王朝兴衰成败的历史教训。所以，我们无意在全球史或欧亚史的视野内就具体的历史情境与环节展开剖析，进而建立全新的蒙元历史叙事与话语体系。相反，我们只是注重从长时段的历史文化入手，找出蒙元文化、文明兴衰得失的历史经验教训，以为我们今天建设全新的文明体系及文化体系，提供一些历史的借鉴与启发而已。毕竟"一切历史都是当代史"，历史的价值就在于它的现实借鉴意义，即基于当下需要而进行的往昔时空思考与经验总结。在全球化的今天，蒙元兴衰成败的历史，对于我们反思历史、从事当下的治国理政依然有着十分重要的借鉴意义。蒙元与世界文明史上的秦朝、隋朝、亚历山大帝国、罗马帝国等有着极为相似的地方，它们都值得我们思考与研究。比如蒙元、秦朝和隋朝的相似之处主要体现在：它们不仅结束了此前长期存在的分裂割据局面，而且建立起了非常强大的大一统王朝；它们尽管都对政治、文化、军事、制度等进行了革新，然而由于重塑文化观念和政治秩序非一朝一夕之事，因此它们都未能持续太长时间；它们所创立的制度分别为其之后出现的汉、唐、明等大一统王朝，奠定了良好的社会文化基础。

具体而言，蒙元不仅结束了唐末五代以来长期的分裂割据，而且还将势力延伸到了中亚、欧洲等地，成为人类历史上版图最大、无可比肩的超级王朝。当时的蒙古大汗们带领铁骑以摧枯拉朽之势横扫欧亚大陆，其气势着实令所到之地的贵族和平民感到震撼。遗憾的是，像世界上其他快速崛起的超级大国一样——包括上面提到的秦与隋——蒙元也没能摆脱很快衰亡的命运：总共统治时间不足 162 年，而蒙古汗国只有 53 年。

"读史使人明智"，深入了解和探究蒙元兴衰成败的特殊之处，无论对今日之中国还是我们个人，都有十分重要的启示意义。

# 一、蒙元王朝的基本情况

蒙元王朝包括蒙古汗国（1206—1259）与元朝（1271—1368）两个部分。其中，蒙古汗国53年，元朝97年。实际上，一般学者都比较认可元朝始于1206年，终于1368年，共4位大汗、10位皇帝，历时162年的说法。笔者也认可这个说法，毕竟这两者在很多地方都有一脉相承性。蒙元是中国历史上，也是世界历史上版图最大的王朝。当然，它也是最具有争议的王朝。

## （一）蒙元王朝版图的发展演变

蒙古汗国建立之前，本来是北方草原上分散的部落。各个部落为了争夺牧场、牛羊与奴隶，相互厮杀，弱肉强食。因为蒙古各部落互相残杀，缺乏统一组织，以至于被当时辽、金政权所控制，蒙古族被迫向辽、金纳贡称臣。蒙古各部落在残酷的厮杀之后，最终在12世纪中后期，形成了蒙古、克烈、乃蛮等几大部落集团。很快这几个分散的大部落，被铁木真统一。铁木真随即做了大汗，建立了"大蒙古国"。

大蒙古国最终成为一个横跨欧亚大陆的大国，离不开成吉思汗及其后继者的贡献。大蒙古国建立之后，就不断对外扩张，并最终成为一个横跨欧亚大陆的超级大国。蒙古汗国的扩张分为几个方向。其中，西征主要指向中亚、西亚与欧洲，这也是蒙古汗国的主要征伐方向。通过一系列的西征，成吉思汗相继攻灭了西辽、花剌子模、西夏，一直打到了伏尔加河流域。成吉思汗本人在攻打西夏的时候病逝了。1227年，成吉思汗病逝后，由幼子拖雷监国。2年后，窝阔台被推举为蒙古大汗。

窝阔台继承汗位之后，继续对外征伐。蒙古汗国又相继攻占了高丽、金、俄罗斯等地，包括俄罗斯的首都莫斯科。1240年，成吉思汗的孙子拔都攻占了俄罗斯的基辅；次年，拔都又率领军队进入波兰、匈牙利、斯洛伐克、捷克，并大败罗马帝国联军，前锋直指维也纳，这是蒙古大军到达的最西边的地方。不过，蒙古大军遭到了奥地利、波西米亚联军的进攻而失利，这也是蒙古大军在欧洲第一次被击败。尽管如此，当时的欧洲仍旧为之震惊。也就是在这个时候（1242），窝阔台汗去世的消息传来，拔都就带领大军东撤返回。

1246年，贵由在窝阔台皇后的支持下，继任为汗，他继续向西征伐。没过3年，贵由可汗也在远征欧洲的路途中病逝。在当时，尽管最有实力的成吉思汗的长孙拔都可以继承汗位，但是他不想继承汗位，就力挺拖雷的长子蒙哥为大汗。1251年，蒙哥即位。

蒙哥（庙号宪宗）继承汗位之后，一方面加强中央集权，另一方面继续对外扩张。当时蒙古汗廷派成吉思汗的孙子旭烈兀继续西征，很快西征军于1258年占领了阿拉伯帝国的首都巴格达；1259年，占领了叙利亚首都大马士革。蒙哥汗在西征的同时，也开始南征，这就是对大理、南宋、越南、缅甸等的征伐。1254年，蒙古大军消灭了大理国。1257年，攻伐越南北部。同时，蒙哥与弟弟忽必烈、大将兀良合台分三路大军进攻南宋，蒙哥汗在今天的重庆钓鱼山上病逝。有人说他死于箭伤，有人（包括《元史》）认为他死于痢疾，也有人认为他死于祸乱。

1259年，蒙哥大汗去世，这对整个蒙古汗国版图的发展产生了直接而深远的影响。蒙哥汗去世时，最应该继承汗位的忽必烈正在带领军队与南宋军队作战。忽必烈听到消息之后，就在军队的拥戴下于1260年自立为汗。这个时候，忽必烈的弟弟阿里不哥因为正好在蒙古的首都哈拉和林，他也在蒙古贵族推举下做了大汗。于是，兄弟两个为了争夺汗位，进行了4年内战。1264年，忽必烈胜利。在内战中，支持阿里不哥的钦察、察合台、窝阔台等封地纷纷独立。这些封地独立之后，忽必烈的蒙古汗国能直接控制的就剩下蒙古本部了。也就是说，横跨欧亚大陆的蒙古汗国在内战之后就土崩瓦解了。

忽必烈做了11年的大汗之后，于1271年将蒙古汗国改国号为元，正式建立了一个类似中原王朝的国家。"元王朝的建立，其实正是蒙古帝国分裂的产物。"[1] 忽必烈所取的国号"元"，来自《周易》。元朝的官方

---

[1] 王岗：《天师、帝师与元帝国：元代卷》，合肥：安徽人民出版社，2013年版，第208页。

文书上写着："元者，大之至也。"意思是说元朝的疆域大得不能再大了。元朝建立之后，也进行了一系列的征伐扩张行动，主要方向是南方、东方。忽必烈的军队只用了 6 年，就攻陷了长江重镇襄阳。随后，又摧枯拉朽般地横扫南宋军队。1279 年的崖山海战中，南宋大臣陆秀夫在元朝强大的军事压力之下，背着 8 岁的末代小皇帝跳海而死，南宋灭亡。忽必烈自此统治了全中国。

忽必烈统一了全国之后，还开展了一系列的征伐活动。元朝于 1274、1281 年，曾两度攻打日本。在第二次攻打日本的时候，忽必烈派蒙古族大将阿剌罕担任总司令、汉人大将范文虎担任副总司令（行省右丞）。不幸的是，还没开战，总司令阿剌罕就去世了。忽必烈于是派副宰相阿塔海前去接替阿剌罕。还没等总司令阿塔海前来，立功心切的副总司令范文虎就带着军队去进攻日本。他们所坐的船只，都是元朝属国高丽所造，质量低劣，根本经不起风浪。很不巧的是，他们就在途中遭遇了台风。范文虎带的这支十万大军很快就被吹垮了。当时讨伐日本的军队中有一部分是新投降来的南宋军队，他们的战斗力很差。另外，攻打日本的后勤补给也跟不上。在这种情况下，范文虎一看难以继续攻伐，就悄悄带着一批高级将领逃走了。后来日本方面认为，这次台风出现，是天神对日本的护佑，俗称其为神风。东征日本失败后，元朝于1285、1287年，两度攻伐越南北部。1287年，还攻入了缅甸。

尽管蒙元东征西讨，开疆拓土，但也并非铁板一块。忽必烈即位之后，蒙古在西北的各汗国便相继独立。尽管如此，元朝的疆域依然十分辽阔。对此，《元史·地理志》记载：

> 自封建变为郡县，有天下者，汉、隋、唐、宋为盛，然幅员之广，咸不逮元。汉梗于北狄，隋不能服东夷，唐患在西戎，宋患常在西北。若元，则起朔漠，并西域，平西夏，灭女真，臣高丽，定南诏，遂下江南，而天下为一。故其地北逾阴山，西极流沙，东尽辽左，南越海表。盖汉东西九千三百二里，南北一万三千三百六十八里，唐东西九千五百一十里，南北一万六千九百一十八里，元东南所至不下汉、唐，而西北则过之，有

难以里数限者矣。[1]

蒙元作为中国古代王朝之一，开创了新的局面，使中国与西亚、中亚乃至欧洲连为一体，超越了以往汉唐丝绸之路的范围，成为人类历史上疆域空前的王朝。可以说，蒙元经过几位大汗数十年的征伐，最终建立了一个横跨欧亚大陆的超级大国。到了元代，对外征伐基本停止，并最终立足于中原，建立了一个大一统王朝。蒙元王朝幅员辽阔，在 1294 年时国土面积达到了 3300 万平方公里，占世界土地面积的 22%。在人类历史上，蒙元以其疆域广大而影响深远。正如有学者所总结的：

　　800 年前，一代天骄成吉思汗统一大漠南北（蒙古高原），建立蒙古国，随后东征西讨，建立了人类历史上疆域空前的蒙元帝国。其疆域东起朝鲜，西与地中海之滨的叙利亚、小亚半岛的拜占庭以及西欧为邻，北及北冰洋，南临印度洋。

[1] 《二十五史精华（图文珍藏本）》，长沙：岳麓书社，2010 年版，第 2421 页。

在人类历史上，世界范围内不止一个民族建立过疆土辽阔的大帝国。如公元前6世纪波斯人建立的阿黑门尼德王朝（Akhmanids），公元前4世纪马其顿人建立的希腊亚历山大帝国，中国的汉、唐王朝，公元前后意大利人的罗马帝国，公元7世纪阿拉伯人建立的大食帝国，近代海上强国葡萄牙、西班牙，英吉利建立的殖民帝国与俄罗斯帝国等。而蒙元帝国是文艺复兴以前人类历史规模空前的大帝国，疆域之广只有近代的大英帝国可与之相较。言及成吉思汗时，便不能不涉及成吉思汗历史上的地位。成吉思汗是中华民族的英雄，毛泽东主席称之为"一代天骄"。[1]

在人类历史上，出现了很多超级王朝及帝国，比如中国的汉、唐，中亚的波斯帝国，欧洲的亚历山大帝国、罗马帝国、大英帝国等。这些超级王朝及帝国的建立，在某种意义上来说，也都是不同文化、文明的一种对外扩张。蒙元的建立，不仅是蒙元文明的扩张，更是

---

[1] 刘迎胜：《蒙元史考论》，兰州：兰州大学出版社，2014年版，第601页。

体现为一种文化、文明的对外延伸。从另一个角度来说，蒙元的建立，不仅传扬了中华文明，更是为中西方文化、文明的交流提供了契机，为此后中华文化、文明的发展、繁荣奠定了重要的基础。

## （二）蒙元时期的社会文化

在成吉思汗统一蒙古各部落之前，蒙古各部落过的都是游牧生活。不同部落在领地大小、语言、宗教、文化等各方面也都不完全相同。到了12世纪后期，蒙古社会生产力在手工业、农业、畜牧业等方面有了相当程度的发展，但也开始有了贫富的分化。那些富有的阶层统治者，叫那颜。被统治者主要有奴隶和平民。奴隶主要是战争俘虏，没有人身自由，也没有私有财产。平民就是普通牧民，不过也要交税、服劳役。在12世纪末期，蒙古各部落为了争夺财富而互相攻掠。与此同时，金朝也经常攻打蒙古各部落。

总之，在12世纪，蒙古各部落处于分立、争夺的状态，而这一状态一直到成吉思汗统一各部落、形成一个新的组织之后才结束。对此，正如韩儒林先生所言：

> 成吉思汗建立的国家称为"也客·蒙古·兀鲁思"（Yeke Mongghol Ulus），即大蒙古国。在此之前，分布在漠南北的大小蒙古部族都各有自己的名称，蒙古部只是其中的一个。到这时，各部都统一在大蒙古国的统治之下，按照"千户"的组织形式编组起来，于是共同使用了"蒙古"作为他们的总名称。一个统一的蒙古民族共同体从此出现在世界舞台上。[1]

随着成吉思汗统一蒙古各部落，并对这些部落及社会组织进行改革，新的组织形式得以形成，尤其是千户制。与千户军相伴而生的是护卫军。护卫军不仅很好地保护了成吉思汗的安全，更是充当了维护汗权、东征西讨的核心力量。

蒙古族早期的文化信仰主要是原始宗教，叫萨满教。他们相信万物有灵，什么都崇拜，比如崇拜日、月、

---

[1] 韩儒林主编：《元朝史（修订本）》，北京：人民出版社，2008年版，第76页。

山、川、风、雨、雷、电，甚至是土地与树木，等等。随着政治重心的南移，蒙元的社会、政治、文化等都开始汉化。不过从整体上来看，蒙元的社会文化独具特色，在很多方面虽然继承了宋、辽、金、西夏的传统，但同时也延续了自身的特色，尤其是文化领域更是体现了多元融合的特征。随着蒙元版图的扩大，蒙古各族接触到了越来越多的宗教文化，如佛教、道教、伊斯兰教、基督教等，这就进一步丰富了蒙元的宗教文化内容。面对多元的宗教存在，成吉思汗确立了宗教信仰自由政策。宗教信仰自由成为蒙元时期宗教政策的主导方向，只是不同的统治者所强调的关注点不同。比如藏传佛教传入元朝之后，得到了统治阶层的尊崇，成了元朝的国教。有元一代，佛教寺院遍布整个国家，今天北京居庸关的云台寺、白塔寺就是元朝留下来的著名佛寺建筑。当然，在元朝境内，其他宗教如基督教、伊斯兰教、道教也都十分流行。儒学尤其是程朱理学更是被元朝作为官方意识形态的重要载体，通过被纳入科举考试实现了最大范围的传播。

就社会政治形态来说，南征北战之后，以游牧文明为中心的蒙古汗国最终演化为以农耕文明为主体的元朝。具体说来，蒙古汗国在建立之初还是以草原游牧经济形态为主的氏族部落社会。随着经济政治、社会结构的分化，汗国内部出现了以"那颜（noyan）"为首的氏族首领及贵族，同时还有一般的成员"哈剌出（harachu）"，意即"下民"。汗国建立伊始，成吉思汗便确立了最基本的政治制度，即丁户制度、怯薛制度、兀鲁思分封制度等。

尽管成吉思汗对蒙古氏族社会做了巨大的改革，但是在蒙古汗国早期依然缺乏稳定的政治统治中心。成吉思汗去世之后，窝阔台汗开始将哈拉和林（简称和林）建设为首都，政治中心逐渐稳定了下来。蒙古汗国的强盛使和林成为当时世界上最繁华的大都市。这里汇集了来自中亚、西亚、中欧、东欧、东南亚等各地的人才及奇珍异宝，是当时名副其实的世界第一都市。意大利来的马可·波罗也在他的游记中记载了和林当时的情况：

　　哈喇（拉）和林城周长约三英里，是鞑靼人在遥远时代最早定居的地方。这个地方没有石头，所以只能用坚固的土垒围绕着作为城墙。在城墙附近有一个规模宏大的堡垒，里面有一座豪华的巨宅，是当地统治者的住所。[1]

法国人鲁布鲁克于 1254 年在哈拉和林都城朝见蒙哥可汗。他在《东行记》中记载了一次宗教大会的盛况。当时各派的教徒在可汗的准许下自由辩论，充分展现了世界大都市的风范。哈拉和林都城的确立与建设，极大地巩固了蒙古汗国的政权，加速了其发展。如有学者所言：

蒙古国定都和林标志着蒙古政权从草创阶段逐步走向完善阶段。由于有了这个稳定的政治中心，国家的行政管理水平大大提高，世界各地的使者、商人、传教士聚集在和林城的越来越多，进而大大促进了蒙古国的经济、文化水平的提高。[2]

---

[1] 〔意〕马可·波罗著，梁生智译：《马可·波罗游记》，北京：中国文史出版社，1998 年版，第 74 页。

[2] 邱树森：《中国历史大讲堂 元朝史话》，北京：中国国际广播出版社，2007 年版，第 41 页。

忽必烈统治时将整个王朝的政治重心转移到了中原，并将元大都作为首都。元大都是仿照中原王朝的都城形式建造的，建成之后，成为当时世界上最雄伟、最繁荣的城市。马可·波罗描写元大都的时候，表现出了非常惊叹的称赞语气，比如他说"宫殿之大，前所未闻"，各种建筑"巧夺天工，登峰造极"，这里的艺术品"琳琅满目"，这里的商品之多"是世界上任何城市所不能相比的"。当然，元大都只是北方都市经济社会与文化发展的重镇，相比而言，南方的经济、社会与文化更加繁荣，尤其是江浙一带。随着蒙元对外交流的频繁，产生了杭州、广州、泉州等商业大都市。

蒙元时期的社会文化发展也呈现出阶段性的特征。[1]蒙古汗国时期，社会发展相对比较落后，在文化上则体现为多种宗教文化并存。到了元朝时期，由于政治重心的南移，社会文化基本上都是宋辽金夏的延续，中央集权的官僚制度也在当时占有统治地位。

---

[1] 陈高华、张帆、刘晓:《元代文化史》，广州：广东教育出版社，2009年版，第8页。

文化领域，儒家学说仍然是当时的主流思想。程朱理学通过被纳入科举考试，成为全国性的知识与学问，实现了有史以来最大范围的传播。可以说，元朝的大一统为当时文化的传承、传播提供了非常重要的前提与保障。正如有学者所总结的：

> 元朝实现了中国历史上前所未有的统一，结束了长达数百年的南北分裂局面，并使许多边疆地区归属中央政权管辖之下。这是元朝历史不同于前代的特点。在宋与辽、金先后对峙的时代，南北双方隔阂很深，彼此设置种种障碍，文化的交流只是偶然的、个别的。例如南方盛行理学，而在金朝统治下的北方，则对此有兴趣者为数寥寥，不受重视。蒙古（元）军南下，理学北上，逐渐成为全国思想界的主流。在元朝统一以后，南北人物彼此往还，互相切磋，无论文学艺术创作，或是学术研究，都起了极其有益的作用。南北的绘画、书法，原来风格不同，统一以后互相影响，有更大的成就；杂剧南移，推动了南方戏剧的发展；如此等等。《大一统志》的编纂，是南北各族

学者共同努力的结果，而大统一的局面则是此书能够编成的前提。许多作家能够游历南北名山大川，了解风土人情，开阔了视野，得以写出美好的诗文。而边疆地区归附元朝以后，和中原地区关系日益紧密，中原传统文化远播边疆各地，边疆各族的文化也相继传入中原，产生了程度不等的影响，使中原文化更加丰富多彩。一大批蒙古人和西北各族成员来到中原，接受中原传统文化，并在文学艺术和学术上有所发明创造。以中原传统文化为主的多民族文化共同发展，形成元代文化一大特色，这正是大统一的结果，是前代所未有的。[1]

蒙元时期的大一统极大地推动了当时社会文化的发展。理学尽管在宋代非常流行，但也只是局限于江南一带。随着蒙元的大一统，儒学的这种新形态很快传播到了长江以北乃至西北、东北、漠北、中亚等更广阔的地域，由此实现了最大限度的传承、传播。在文

---

[1] 陈高华、张帆、刘晓：《元代文化史》，广州：广东教育出版社，2009年版，第5页。

学艺术领域、学术研究等方面，大一统局面的出现使得各地的交流日渐频繁。元杂剧应运而生，并成为元代最具有代表性的文化形态。此外，不同民族的文化，也随着大一统的出现，出现了交流与融合，从而进一步丰富完善了中华文化的形式与内涵。

元杂剧作为元代文学艺术的代表，是中国古代文艺的一座高峰。它形成于宋末，繁盛于元大德年间（13世纪后半期—14世纪），在文学史上拥有与唐诗、宋词并称的地位。主要代表作家有关汉卿、王实甫、马致远、白朴等人，主要代表作有《窦娥冤》《汉宫秋》《西厢记》等。关汉卿在当时红极一时，他比欧洲文艺复兴时期的戏剧巨人莎士比亚还要早300多年。元杂剧的兴起，不仅与当时城市经济的发展，更与北方少数民族文化传入中原有直接的关系。当时的各大都市如大都、汴梁、临安等地都出现了集中演出的勾栏瓦肆，并涌现了一批专门欣赏、创作元杂剧的人员，标志着元代文化的兴盛。

总之，蒙元时期，中国的社会文化进入了一个新的发展阶段。当时的中外经济、文化、贸易交流等方面的往来非常频繁，极大地促进了中国的国际化。蒙元时期的文化，在相当长的一段时间内，并没有得到学术界应有的关注与重视，甚至评价一度非常低。近几十年来，人们对于蒙元文化有了更加全面而深入的研究，其地位与贡献得到了高度评价，如陈高华先生就说："元代是继唐、宋之后我国文化的又一个高潮时期。在元代，文化的多数领域都有很好的成就，有些甚至超越了前代。"[1] 可以说，蒙元时期是中国历史上一个非常开放的时代，它打破了古代以来的闭塞，让人们从更广阔的视野了解了整个世界，也让整个世界了解到了不一样的中国。在中国古代历史上，对外影响最大的王朝是唐朝和元朝。但是假如从对外影响范围、往来国家数量和国际地位等角度来看，唐朝是无法与元朝相比的。蒙元时期优惠的通商政策、通畅的商路、富庶的国度、美丽的传说，使元朝对西方和阿拉伯世界的社会各界形成了巨大的吸引力。当时的上都、大都、临安等已具有国际化都市的色彩，泉州港成为国际最大的对外贸易口岸。蒙元王朝的存在与努力，使西方人第一次较全面地把握了中国和东方的

---

[1] 陈高华:《元朝史事新证》，兰州：兰州大学出版社，2010年版，第172页。

信息——一个文明和富庶的中国真实地展示在世界面前。这些信息不仅改变了欧洲人对整个世界的理解，更是激发了他们探索新大陆的兴趣。

## （三）一个最值得深思的王朝

蒙元是中国历史上颇具特色的一个王朝，一个介于游牧文明与农耕文明的大一统王朝，一个在世界上褒贬呈两极化、最富有争议的王朝，也是中国历史上贡献卓著的一个王朝。比如有学者就认为它是一个非常特殊的朝代："说其特殊，不仅因为它是中国历史上第一个君临全国的非汉族王朝，而且还因它是囊括大半个欧亚大陆的蒙古世界帝国的组成部分。其世界性、多民族性与多元性，在中国历史上都非常罕见。"[1] 可以说，蒙元虽然短暂，但是它在文化传承、文明发展、兴衰成败等多个方面都值得我们思考、研究。

蒙古汗国作为人类历史上的超级王朝，其兴衰成败在当时便受到了国内外史学家的关注：伊朗史学家

---

[1] 刘晓：《元史研究》，福州：福建人民出版社，2006 年版，第 1 页。

志费尼撰写的《世界征服者史》、波斯史学家拉施德撰写的《史集》记载了蒙古汗国的兴起；南宋人孟珙的《蒙鞑备录》、彭大雅的《黑鞑事略》，以及蒙古人的《蒙古秘史》(又名《元朝秘史》)等记载了蒙元时期的兴衰历史。实际上，在中国历史长河中，由于涉及地域太过广袤、民族太过众多，加上蒙古族向来不重视文化与历史，这些都导致蒙元的历史最难撰写，也最难研究。幸运的是，经过前贤时哲的文献梳理与考证，我们今天可以比较清晰地了解这一段历史，并就其兴衰成败进行思考与总结。

尽管蒙元的历史至今还没有完全清晰地呈现在我们面前，但是可以肯定的是，它给当时的整个人类文明既带来了一定的灾难，也带来了很多新鲜血液。蒙元时期中西经济文化交流的空前繁荣，使不同地区、国家和地区间的经济文化交流加速。中国的火药、指南针、印刷术传入阿拉伯和欧洲，推动了这些地区的文明进程。阿拉伯的医学、天文学、农业技术，欧洲的数学、金属工艺，南亚的雕塑艺术等则传入中原，促进了中国古代文化、文明的发展和丰富。元代中西文化交流信息量之大、涵盖范围之广、对当时及未来历史影响之大，都是人类历史上空前的。可以说，中西方文明成就第一次出现了全方位共享的局面。

如果从中国历代王朝的发展角度来看，元朝与古代的秦朝、隋朝最为相似。它们既推动了中华文化、文明的进展，也带给了人们很多的历史启示与思考。具体来说，秦朝、隋朝、元朝这三个王朝都结束了之前长时期的分裂割据，都建立了一个大一统王朝，都在军事、政治上显赫一时。比如秦朝结束了春秋战国数百年的混乱局面，隋朝结束了魏晋南北朝数百年的分裂局面，元朝则结束了唐末五代宋辽金夏数百年分裂割据、多元对峙的局面。

不仅如此，秦、隋、元三个王朝都对后世做出了突出贡献。比如制度上有三公九卿制、三省六部制、科举制度、行省制度，工程上有万里长城、大运河。秦、隋、元之后都出现了强大的统一王朝，即汉、唐、明。相比之下，元朝的贡献最大。比如行省制度一直影响到今天数百年；京杭大运河虽然在隋代开通，但实际完成于元代；吐蕃（即西藏）在元朝才开始真正纳入中国版图；蒙元实行的边疆政策也被明清所沿用。蒙古汗国还打通了中亚、西亚及欧洲的交通（即我们说的"一带一路"），使得元朝的科技水平是中国历史上最高的。随后明朝继承了这些成就并将之发扬光大。其中，郑和的超大宝船便是受元朝科技影响的产物。

然而不幸的是，这三个王朝都迅速地土崩瓦解，秦朝统治了 15 年（前 221—前 206）、隋朝 37 年（581—618）、蒙元 162 年，其中蒙古汗国 53 年（1206—1259），元朝只有 97 年（1271—1368）。蒙元尤其是蒙古汗国作为当时世界上版图最大的王朝，为什么在短时间内迅速兴盛强大，又迅速瓦解？同样是少数民族建立的政权，为什么元朝只存在了 97 年，而清朝却存在了 268 年？元朝与中国境内的其他大一统王朝如周、汉、唐、宋、明一样，存在时间都非常短暂，这其中的原因到底是什么？蒙元究竟是如何治国理政的？如何评价蒙元以及它给我们的历史启示到底是什么？带着这些问题，我们从宏观的历史视野出发，通过将它与秦隋、汉唐宋明相比，与亚历山大帝国、罗马帝国等相比，进一步展开具体而深入的分析。

# 小 结

历史尽管总是惊人的相似，但是其发展过程并非千篇一律，从而形成了不同的历史镜像。毕竟历史的主体是人，不同时代的人具有不同的思维与利益诉求。他们在面对现实与理想的时候，总是会表现出惊人的潜力。蒙古民族作为 13 世纪历史的主体，基于自身的生存渴望，表现出了巨大的爆发力，建立了一个横跨欧亚大陆的超级大国。这在中华文明史甚至世界文明史上都有十分重要的意义：一方面，蒙元借助强大的军事力量征服了周边民族，实现了不同文化、文明体系的融合，尤其实现了中华文明与地中海文明的首次接触，引发了中世纪的"全球化"；另一方面，蒙元基于文化自觉，通过不断地自我汉化，最终由漠北游牧文明转化为以农耕文明为主体的中原正统王朝。

然而作为中华文明史上的王朝之一，蒙元并没有彻底摆脱兴衰成败的宿命。它的兴起并非偶然，而是人类文明发展的必然。蒙元的崛起，离不开中世纪中亚、欧洲的落后与分裂。作为蒙元灵魂人物的成吉思汗，积极追求更新与重建，在宗教、军事、政治、经济、法律等各方面都进行了大刀阔斧的改革，为蒙古汗国的纵横驰骋提供了强大保障。可以说，蒙元的文化自觉，促成了它的迅速崛起，而后期统治者的墨守成规、不思进取，则导致了它的迅速败亡。

# 二、蒙古汗国为何迅速强大？

　　蒙古汗国能够在短时间内迅速崛起，成为一个横跨欧亚大陆、绵延数千万平方公里的大国，后来忽必烈在此基础上又建立了一个大一统的中原王朝，这是如何实现的？我们可以从几个方面来看：首先，这分别与成吉思汗、忽必烈作为开创者自身的素质有直接关系；其次，蒙元尤其是蒙古汗国拥有独具特色的军事优势；再次，军事化的制度优势保障了大国的崛起；最后，务实有效的政策进一步强化了中央对地方的管控。

## （一）成吉思汗：超级王朝的灵魂人物

　　在成吉思汗统一蒙古之前，根据史书记载，蒙古草原上分布着100多个大小不等的部落。这些部落没有统一的首领，"各有君长，不受一共主约束"[1]，而且在语言、宗教、民族、文化上也都各不相同。不同部落为了争夺水源、牲畜、财富等经常发生争战，相互仇杀。这种分散的部落，既没有组织，也没有战斗力，所以经常遭受辽、金的侵略。1206年，成吉思汗统一蒙古各部，建立了"大蒙古国"。随后，实行了一系列政治、军事、法律等方面的新制度，使蒙古各部落成为一个统一的民族与国家，从此之后不再遭受辽、金的侵略。

为了进一步强化大蒙古国的实力与大汗权力，成吉思汗在统一了当时的蒙古各部落之后，又利用并改进了蒙古各部所信奉的具有泛神信仰的萨满教，使之成为一神论的宗教。如有学者所说："用准一神论宗教思想来增强蒙古民族的凝聚力，冲破部落界限，统一人们的认识和信仰。"[2] 所谓的"准一神论宗教思想"，

---

[1] 〔清〕屠寄：《蒙兀儿史记》卷1《世纪第一》，上海：世界书局，1983年版，第2页。

[2] 杨建新、马曼丽：《成吉思汗、忽必烈评传》，南京：南京大学出版社，2002年版，第201页。

也就是将"长生天"视为萨满众神之中最高的神，认为他是宇宙间一切权力和力量的来源，而成吉思汗则是长生天在人间的化身，他的一切政令、举措都是长生天意志在人间的反映。

成吉思汗这样做，就是想通过"君权神授"的形式，对神权与政权进行整合，以此来强化汗权的合理性与神圣性。改革后的萨满教，在强化蒙古大汗权力的同时，也承认其他宗教信仰的自由。也就是说，在长生天之下，任何信仰都可以平等共存。总之，成吉思汗对萨满教的改造及其宗教信仰自由政策，一方面强化了蒙古可汗的权力，另一方面减少了被征服地区的反抗。

成吉思汗还颁布了《大札撒》，这是蒙古族的第一部成文法典。为了强化军事力量，他还确立了军政合一的千户制度。总之，成吉思汗的确是横空出世的一代天才，拥有卓越的政治、军事才能。他不仅实现了蒙古各部落的统一，还制定了一系列政治、军事、法律制度，奠定了蒙古汗国的基本框架。

当然，成吉思汗并非天生神人，他本来是蒙古部落首领也速该的儿子，本名铁木真。铁木真9岁的时候，他的父亲在参加政敌宴会时被人下毒，回到家后就死了。父亲死了之后，部落也就解散了。铁木真就和母亲、弟弟们生活。随着铁木真的成长，他的家族力量也开始恢复。他通过联姻、改革等形式，强化了本部落的实力。经过多次的战争，铁木真所在的部落逐渐壮大，并最终打败了当时非常强大的乃蛮部及其他小部落。1206 年，铁木真召集蒙古贵族举行大会（即忽里台大会），蒙古贵族们一致推举他为全蒙古的大汗，并尊他为成吉思汗（意即普天之汗，诸王之王）。

随后，大蒙古国就在成吉思汗的领导下，东征西讨。他的后继者也继承了扩张的理念，最终在忽必烈汗时期建立了一个横跨欧亚大陆的超级大国。但也正是在忽必烈统治时期，蒙古汗国分裂了。随后，忽必烈在蒙古本部建立了一个类似中原王朝的元朝。忽必烈是元朝第一位皇帝，元朝的很多政策、框架，比如行省制度、经济政策等，都是忽必烈制定的。

成吉思汗被后人称为人类千年以来最伟大的人物之一，是世界级的战神，他之所以能创造如此多的荣耀，除了他本人拥有过人的天赋和智慧之外，他手下的一批极为优秀且忠诚的将领也起到了至关重要的作用。可以说，围绕着成吉思汗形成了一个包括四杰、四勇、四弟、四子、四养子等优秀将领在内的精英团队，他们都骁勇异常、善战知兵、英勇无敌，是成吉思汗成功路上的开路先锋。

成吉思汗对这些人才的任用也是不拘一格，敢于打破固有的等级和民族界限。如"四杰"（木华黎、勃斡儿出、赤勒温、勃罗忽勒）、"四骏"（速不台、者别、忽必来、者勒蔑），本来都是奴隶或平民出身，者别甚至在归顺之前的战争中射伤过成吉思汗。成吉思汗正是凭借这种海纳百川的气度，将金国的耶律楚材、乃蛮部的塔塔统阿、畏兀儿的镇海、汉族的丘处机道长等不同民族的高端人才汇集在他的帐下，为他征伐四方献计献策。

不仅如此，对于那些拥有技术的各国工匠，成吉思汗也都积极搜罗任用。之所以这样做，是因为蒙古骑兵四处征战，如果是在平原、山地，一般都会如履平地，但是如果遇到坚固的城墙、堡垒，这些骑兵就束手无策，即使是弓马娴熟也没有任何用处。在这种情况下，成吉思汗在军事征伐的过程中，就非常注意招揽那些熟悉各种技术的能工巧匠。比如成吉思汗曾经问他的一位随军大将俺木海："攻城略地，兵仗何先？"俺木海回答说："攻城以炮石为先，力重而能及远故也。"成吉思汗认为很有道理——火炮不仅火力猛，而且威力惊人——就任命俺木海为炮手，很快又委任他做炮手达鲁花赤，即炮兵司令。"俺木海选五百余人教习，之后定诸国，多赖其力"[1]，这可以说是成吉思汗在当时建立的世界军事史上第一支炮兵部队。

成吉思汗所到，到处搜罗各种工匠，包括工兵、弩兵、水兵、火炮手、通信兵、医师、占卜、翻译等等，并将他们分门别类地进行编制，组建起一支俗称"工匠兵"的特种部队。除此之外，成吉思汗还吸纳其他各方面的人才，以至于他的军队创造了军事史上很多的世界之最，比如：拥有最早的快速通信系统——"箭速传骑"，4000 里路只用 7 天时间即可到达；最早的参谋部——"扯必儿"，在这里汇集着各种谋士奇才，为成吉思汗出谋划策。正是这些人才为成吉思汗的南征北战立下了汗马功劳，为蒙元超级大国的建立奠定了重要的基础。

---

[1] 〔明〕宋濂等：《元史》卷 122《俺木海传》，北京：中华书局，1976 年版，第 3010 页。

成吉思汗不仅是杰出的政治家、军事家，还是一位高明的外交家。蒙古汗国的扩张并非完全是军事战争的结果，很大一部分也与成吉思汗先进的外交思想有直接的关系。在蒙古汗国的征伐过程中，成吉思汗曾经成功利用先礼后兵、远交近攻、里应外合、外交伐谋等多种策略，促成了对外征伐的胜利。正如有的学者所总结的：

> 成吉思汗还是高明的外交家。作为外交家，成吉思汗有先礼后兵的外交程序，在每次对敌作战之前，必定先遣使者或申述理由，或劝说招降，做到师出有名，以激励己方的士气，瓦解敌方的斗志。他又有联友攻敌的外交方针，即尽可能多地联合自己的盟友，最大限度地削弱对手的势力。他还有随机应变的外交策略，如：或利用矛盾，待机而动；或借和为由，争取时间；或远交近攻，分化敌国。成吉思汗的外交才干也是他取得成功的重要保障。[1]

---

[1] 陈西进编著：《蒙元王朝征战录》，北京：昆仑出版社，2007年版，第418页。

成吉思汗的外交才能为蒙古汗国的扩张，提供了重要的保障。他的外交思想，很多也是攻伐的重要谋略，而这些外交谋略的存在，再配合蒙古汗国强大的政治、军事实力，自然使得汗国军队无往而不胜。

总之，成吉思汗以开阔的胸襟、虚怀若谷的态度，积极吸纳不同民族的优秀文化与优异人才，从而顺利地完成了对漠北、中亚乃至东欧的军事征伐，同时也有效地维护了蒙古汗国的统治。正如有的学者所言：

> 如果深入研究，就会发现成吉思汗的全面成功绝非偶然，更不能简单地认为他不过是个"文盲"，偶然地、或靠武力成了"天之骄子"。成吉思汗实际上是一个吸收和融合了多种优秀文化传统，因而具有当时较先进的思想和非凡人格素质的天才人物。[1]

---

[1] 马曼丽、安俭：《从成吉思汗的成功看蒙古族的优秀思想文化传统》，载《西北史地》1999年第1期，第4页。

成吉思汗的成功除了依赖武力，同时也依赖"吸收和融合了多种优秀文化传统"。他任用不同地域的优秀人才，以至于"猛将如云，谋臣如雨"[1]。在这些猛将和谋臣的帮助下，"天才人物"成吉思汗建立了当时世界上的超级大国。可以说，蒙元超级大国的建立，离不开成吉思汗这样英雄式的人物，更离不开他海纳百川、不拘一格的人才政策，以及追求进步的文化自觉。其实，不仅是蒙元如此，世界上其他大国的建立也都离不开关键人物。比如中国境内的汉朝在汉武帝时期达到极盛，唐朝在唐玄宗时期达到极盛，明朝在朱棣时期达到极盛，清朝在康乾时期达到极盛，等等。这些强国王朝的兴盛都离不开一个强大的领导者，以及领导者在文化上的觉醒与自觉，离不开领导者将先进理念融入现实的社会政治、思想文化的变革之中。国外的亚历山大帝国（前336—前323）便是由著名的征服者亚历山大大帝所开创，它能够成为人类历史上第二个地跨亚欧非三洲的帝国，自然也离不开亚历山大大帝对先进文化的汲取与践行。

---

[1] 〔元〕苏天爵编：《元文类》卷23《太师广平贞宪王碑》，台北：世界书局，1989年版，第230页。

## （二）军事化制度的创建

成吉思汗所领导的蒙古汗国之所以能够在短期内纵横驰骋，成为横跨欧亚大陆的大国，最重要的原因便是积极进取，结合蒙古当时的现实进行了制度创新，比如千户制度、怯薛制度、驿站制度等，而这些制度无疑都满足了军事征伐之需要。也正是因为这些制度很好地服务了蒙古汗国对外征伐掠夺的需要，蒙古汗国才迅速扩张成为横跨欧亚大陆的超级王国。可以说，蒙古汗国在 50 多年的征伐时间里，几乎年年都在外面打仗，而且取得了一系列的胜利。这些胜利的取得无疑离不开它的军事化制度保障。蒙古汗国的一系列军事化制度，促使蒙古落后、分散的部落发展成为一个攻无不克的战斗组织。而整个蒙古汗国，就如同一部战争机器，无往而不胜。

千户制是成吉思汗于 1204 年所创建的军政合一的制度，目的就是要革除以往部落、氏族贵族自由分散、难以控制的弊端。成吉思汗将蒙古汗国境内的人口划分为 95 个千户。千户，顾名思义，就是一千户人家。

当然，这并不是非常精确：有可能超过一千户，也有可能不足一千户。成吉思汗为此任命了一批贵族、功臣为千户长，这些千户长直接听命于大汗，千户长下面又设置了百户长、十户长等。为了管理全国100个左右的千户，又在千户长上面设置了万户长。

千户制度是蒙古汗国最基础的行政制度，它摒除了过去牧民分散、难以管理的弊端。从本质上讲，它是一种军事化地方组织，也是一种军事化的经济组织形式。平时千户们组织牧民放牧、生产，战争时期则听命于汗廷进行四处征伐。千户制度的设立实现了对草原上分散牧民的有序化管理，很好地维护了蒙古汗国的统治，发展了当时的经济，也极大地提升了蒙古汗国的战斗力，为成吉思汗统一蒙古草原提供了强大助力。

面对这么多的千户，成吉思汗是如何维护大汗权力的？又是如何管控这些地方千户的？成吉思汗在中央组建了1万多人的侍卫中军（蒙古语称之为"怯薛"），侍卫中军还直接统领着5万多护卫军，以此来确保蒙古大汗的安全。虽然这支侍卫中军及其所统领的护卫军人数只有6万左右，但是相对于当时只有百万的蒙古草原人口，这确是一股非常强大的军事力量。为了有效调动这股力量，成吉思汗制定了严格的值班和奖惩制度。护卫军被分为多个分部，实行轮流值班，带军将领则由成吉思汗最为信任的功臣子弟担任。这些子弟不论在地位还是待遇上都比护卫军要好。侍卫中军不仅负责蒙古汗廷日常的保卫工作和行政工作，还负责传达大汗的政令。如果哪个千户不遵守大汗命令，怯薛大军就会去征讨、消灭它。这样一来，这个军事化色彩极为浓厚的怯薛制度，就极大地捍卫了蒙古大汗的权威。

从逻辑关系上来看，千户制度、护卫军制度的革新，直接促成了成吉思汗权力的极大化，也使蒙古军事有效地发挥了作用。对此，正如有的学者所分析总结的：

> 铁木真进行军事变革的起点则是从原始社会末期的部落战争开始的，他将蒙古部落散乱无序的氏族制和亲兵制，改建为千户制和护卫军。护卫军是蒙古王朝兵制的中坚，它确立了集权统治的威严和军队的稳固；千户制是蒙古王朝兵制的

基础，它保证了武装力量的来源和指挥的效率；而护卫军和千户制的有机结合，破解了中国历代兵制中干弱支强则拥兵自重，干强支弱则军力不振的难题，它是铁木真军事中的创新之一。[1]

成吉思汗的这种军事革新的确改变了之前蒙古部落分散、落后的状态。千户制度的出现，一方面让分散的蒙古牧民形成了有力的组织，另一方面更是通过对外扩张、掠夺的形式，极大地锤炼、完善了这一组织的效能；护卫军制度，一方面有力地保证了蒙古大汗的权威，另一方面更是有力地保证了蒙古大汗命令、意志畅通无阻的施行。正是这两者的各自强大及彼此的有机组合，使得蒙古汗国的战斗力迅速提升，为蒙古汗国的对外扩张提供了有力的制度保障。换言之，蒙古汗国对外扩张的中坚力量便是成吉思汗所率领的护卫军与千户军。

　　成吉思汗在统一北方草原的过程中，为了有效管控各个部落，丰富并完善了一系列固有的重要法律法

---

[1]　陈西进编著：《蒙元王朝征战录》，北京：昆仑出版社，2007 年版，第 72 页。

规。这就是"札撒"（Jasaq，蒙古语音译，法令之意）。
札撒主要是蒙古民族流传下来的习惯法以及成吉思汗
本人所颁布的诏令等。蒙古汗国建立之后，成吉思汗
派人对以往的习惯法、诏令、规则等进行整理，并由
此颁布了蒙古汗国的第一部法典，即《大札撒》。该部
法典虽已散失，但在成吉思汗、窝阔台、贵由、蒙哥
以至元朝时期，它一直是蒙古贵族乃至朝野所遵行的
重要法典。该法典包括政治、军事、行政、刑事、民事、
贸易、社会秩序等方面的规定。它有效地维护了蒙古
汗国乃至元朝的社会政治秩序，更是有效地维护了蒙
元最高统治者的权力与威信。

此外，蒙元时期幅员辽阔，交通运输与信息交流
究竟又是如何开展的？当时是如何保证中央政令畅通
无阻的施行的？实际上，对外征伐的时候成吉思汗就
注意到了这个问题，并开始在各地设立驿站（蒙古语
叫站赤）。到了窝阔台时期，扩大了驿站建设的规模，
并建立了贯通整个蒙古汗国的站赤系统，初步制定了
有关站赤的管理制度。[1]《经世大典》记载，当时中国

---

[1] 陈高华：《元史研究论稿》，北京：中华书局，1991 年版，第 157 页。

境内有站赤 1496 处。各地密布的驿站实际上就是一个个的交通网点，沟通了中央和地方及地方间的联系，确保政令朝发夕至。意大利人马可·波罗在他的《马可·波罗游记》中对此也有记载，他说：

> 从汗八里城有许多道路通往各省。每条路上，或者说，每一条大路上，按照市镇的位置，每隔大约二十五或三十英里，就有一座宅院，院内设有旅馆招待客人，这就是驿站或递信局……每一个驿站上常备有四百匹良马，用来供给大汗信使往来之用，因为所有的专使都可能会留下疲惫的坐骑，换取健壮之马，即使在多山的地区，离大道很远，没有村落，又和各市镇相距十分遥远，大汗也同样下令建造同样样式的房屋，提供各种必需品，并照常准备马匹。[1]

有元一代，站赤制度始终处于完善之中，站赤分为陆站、水站。为了维护当时的驿站制度，还专门设立了

---

[1] 〔意〕马可·波罗著，梁生智译：《马可·波罗游记》，北京：中国文史出版社，1998 年版，第 141 页。

站户。站户所承受的工作非常繁重。对此，就有元人说道："民之受役，莫重于站赤。"[1] 可以说，当时星罗棋布的驿站，极大地强化了中央对各地方的控制，也加速了境内信息资讯、商业贸易的往来。当然，这种驿站制度，在古代也并非蒙元王朝的专利。罗马帝国就在其境内每隔五六英里设置一所驿站，以保证能够迅速传达政令，这很好地巩固了罗马帝国的统治。

总体来看，成吉思汗基于军事征伐的需要，设立了很多军事化制度，这些制度的存在无疑凝聚了分散的蒙古各部落的力量。不仅如此，这些制度的设定，恰到好处地适应了当时的社会组织结构，更继承与发展了以往的文明成果，如驿站制度可以说是对以往唐宋驿站制度的丰富与完善。当然，制度本身并不是固定不变的，而是随着时间的推移不断地丰富完善。比如行省本来是为了统治需要而暂时设定，旨在负责搜刮财物，但在元朝时期却演变为了重要的地方行政机构。

---

[1] 〔元〕黄溍:《黄溍集》卷 24《宣徽使太保定国忠亮公（答失蛮）神道第二碑》，天津：天津古籍出版社，2008 年版，第 651 页。

## （三）独一无二的军事优势

军事是政治的延伸，蒙古帝国之所以能迅速发展为一个世界级超大帝国，与它所推行的举国军事化体制有直接的关系。当时的整个蒙古汗国，就是一部战争机器。根据史书记载，当时的蒙古人"家有男子十五以上，七十以下，无众寡，尽科为军。有事则空营帐而出……上马则备战斗，下马则屯聚牧养"[1]，"其民户体统，十人谓之排子头，自十而百，百而千，千而万，各有长"[2]。也就是说，成吉思汗在全国推行了兵民合一的千户制度。千户制度是当时整个国家所运行的一种重要制度，"千户作为统一的基本军事单位和地方行政单位，取代了旧时代的部落或氏族结构"[3]。

[1] 〔元〕苏天爵编：《元文类》卷41《经世大典序录·军制》，台北：世界书局，1989年版，第454页。

[2] 〔宋〕彭大雅撰，徐霆疏：《黑鞑事略》，载王国维《黑鞑事略笺证》，《王国维遗书》第8册，上海：上海书店出版社，2011年版，第225页。

[3] 韩儒林主编：《元朝史（修订本）》，北京：人民出版社，2008年版，第78页。

正是在千户制下，牧民们平时生产，战时出征，不分老幼，都一律到前线杀敌。根据史书记载，成吉思汗时期蒙古草原有 100 多万人，战时所动员的精锐军队（不包括附属国的部队）也就 12.9 万人。相比同时代拥有上百万人军队的宋朝、金朝来说，这无疑是非常少的。但是蒙古军队能令各国不寒而栗，关键就在其质量：一方面，成吉思汗常年带领军队南征北战；另一方面，蒙古草原的冶铁业非常发达，为军队提供了非常精良的兵器装备。

更为主要的是，蒙古军队基本上都是骑兵。他们个个不仅弓马娴熟，而且身体素质极好。在冷兵器时代，相对于步兵来说，骑兵就如同现代的机械化部队。每个士兵出征，基本上都带着几匹马，这样就可以不知疲倦地日夜行军，连续进攻，走到哪里打到哪里。作为马背上的民族，他们胯下的战马——蒙古马也颇与众不同，它们为蒙古骑兵的远程作战提供了超强的战斗力。有学者研究，蒙古马虽然体形不大，但是优点突出，"最大的优点是有持久的耐力，善于奔跑，8 小时可行 60 公里左右路程。同时蒙古马生命力极强，耐暑耐寒，宜放牧，抗病力强，对自然气候与环境条件有较强的适应性"[1]。

蒙古骑兵当时采用的战法非常灵活。当他们到达欧洲时，欧洲的骑兵还停留在传统的"君子"之争，即注重选好时间、地点摆好阵势，进行对冲，胜负也是点到为止，甚至还有通过骑士之间单挑对决的方式进行。相比较而言，蒙古铁骑纵横驰骋，变化莫测，所以经常打得欧洲骑兵闻风丧胆，找不到北。不仅如此，蒙古铁骑多为轻装，冲锋时面对穿着厚重盔甲的欧洲骑士，他们灵活机动，弓马娴熟，并擅长游击战术，让欧洲骑兵也是防不胜防。

蒙古军队长途奔袭，如何解决后勤问题呢？实际上，这对他们而言根本就不是问题。作为一个游牧民族，他们从小就在草原上长大，几乎每个人都擅长畜牧、狩猎，这为他们提供了稳定的食物来源。不仅如此，他们还很熟悉各种猎物、肉制品的做法，比如他们会将肉制作成肉干。肉干的体积小，热量高。如果需要，他们还可以杀掉随行出征的马匹作为食物。饮用品方面，除了随处可见的水之外，一般就是马奶，以至于

---

[1] 刘迎胜：《蒙元史考论》，兰州：兰州大学出版社，2014年版，第611页。

他们即使在非常贫瘠的地方也能生存下去。这样一来，他们的补给负担便较轻，出征时只需携带少量的军粮，军队的机动性和战斗力也因此得到提升。对于蒙古汗国的臣民来说，战争就是他们的家常便饭、日常生活。游牧民族四海为家的特性，使得他们走到哪里便可以在哪里安家落户。他们无法像中原农耕国家的臣民那样拥有稳定的生活。蒙古骑兵征战四方，在各地建立了大大小小的封地与汗国。

蒙古汗国独一无二的军事优势，使得他们进退自如、纵横驰骋。他们的战斗力、机动性在当时可以说是无人能比。正是靠着这部当时世界上最先进的战争机器，蒙古汗国在短短 40 多年的时间内便完成了欧亚大陆的一系列征伐：1217 年灭西辽；1219 年西征花剌子模，随后一直打到伏尔加河流域，并于 1225 年东归；1227 年灭西夏，成吉思汗在征程中病逝；1229 年窝阔台继任大汗，1231 年征服高丽，1233 年灭东真国，1234 年灭金国；随后蒙古汗国再次西征，1237 年占领莫斯科，1241 年兵分两路入侵波兰、匈牙利，大败神圣罗马帝国联军，前锋直指维也纳，使得欧洲为之震惊；1251 年蒙哥继位，1254 年灭大理国；1257

年进攻越南北部地区；1258 年，占领阿拉伯帝国首都巴格达，灭阿拔斯王朝；1260 年，占领大马士革。

蒙古人打仗不靠蛮力，而是非常讲究军事策略。比如在攻打花剌子模的都城撒麻耳干时，成吉思汗发现城中守军 11 万，其中有 5 万是波斯人，6 万是突厥人。因为突厥人与蒙古人在历史上是同一种族，成吉思汗于是就派人做突厥人的工作。最终突厥人起义，成吉思汗不战而胜。又比如在攻打金朝时，成吉思汗就提出了"假道于宋以灭金"[1] 的策略。成吉思汗去世之后，他的后继者基本上也是凭借这一策略打败了金军主力。

可以说，蒙古汗国依托强大的军事实力与高超的军事策略，赢得了一个又一个胜利，这其中也包括对南宋的征伐战争。不过在这次征伐过程中出现了很多插曲。比如蒙哥汗没有直接带着铁骑横跨江淮流域，而是去攻打长江天险上的重镇襄阳。金庸小说《神雕侠侣》的主人公郭靖，就是在这场宋蒙襄阳大战中极力抗击蒙古军队的。蒙古为什么非要先攻打襄阳？因为襄阳地理位置险要，四通八达，自古便是兵家必争

---

[1] 对于蒙古"假道灭金"的历史，可参考胡昭曦主编的《宋蒙（元）关系史》（成都：四川大学出版社，1992 年版）第 48—61 页。

之地。对此，正如顾祖禹所说："夫襄阳者，天下之腰膂也。中原有之，可以并东南，东南得之，亦可以图西北者也。"[1]说明襄阳在控制东南、西北中的重要战略地位。历史上北方政权出兵消灭南方政权，一般都会先占领襄阳，然后顺江而下，就非常容易吞并下游地区。比如西晋灭东吴、北宋灭南唐、元朝灭南宋等。当年三国的曹操，也是出兵南下，先占领了荆州、襄阳，然后顺江而下去打江东，只可惜赤壁之战打败了。

　　如果不攻打襄阳，直接从东面河流纵横、地形复杂的江淮地区出击，就会极大地增加进攻的难度。而且历史上直接攻打江东的，很少有成功的。比如前秦苻坚几十万大军攻打东晋，导致淝水之战大败；金兀朮进攻南宋，被围在黄天荡，险些全军覆没。何况蒙元骑兵不擅长水战，无法在江淮流域发挥作用，更无法渡江。因此，攻打南宋时，他们便首先集中精力攻打襄阳。打了几十年，终于突破长江天险，占领了襄阳。随后，又顺江东下，水陆并进，一举拿下杭州。

　　实际上，在攻打襄阳的过程中，面对久攻不下的

---

[1] 〔清〕顾祖禹：《读史方舆纪要》卷75《湖广方舆纪要序》，上海：商务印书馆，1937年版，第317页。

局势，蒙哥汗也走了一点弯路。他选择绕道西南，先打四川，采取迂回战术。然而事实证明，这个战略是错误的，因为四川地形复杂，且蒙古军队擅长野战而不善攻城。当时四川军民利用有力地形，极大地化解了蒙古骑兵的优势。后来蒙哥汗还被打成了重伤而去世。忽必烈做了大汗之后，纠正了蒙哥的错误做法，改道继续攻打襄阳，"会诸道兵攻取襄樊，为上流破竹之举"[1]，最终获得成功。

有人会问，蒙古人建立了元朝之后，怎么就不再扩张了呢？一方面，蒙古政权所推行的汉化、儒化，不可避免地弱化了蒙古人征伐、掠夺的征服精神。更为主要的是，中原注重农耕，有大量的粮食，蒙古军队不需要再靠掠夺来满足他们自身的需求。此外，元朝建立之后，征伐对象不再是一马平川的欧亚大陆，而是很多东亚与东南亚的岛国、山川之国。加上南下须面临炎热潮湿的气候，这就使得来自高寒地区的蒙古骑兵无法发挥他们自身的优势。比如在攻打襄阳时，很多蒙古战马就受不了暑热、疥疠之苦，以至于蒙古

---

[1] 〔元〕王恽：《王恽全集汇校》第6册，北京：中华书局，2013年版，第2256页。

军队"岁疗马以万计"[1]。

总之，古今中外能够到处征战的超级大国，无不在当时拥有超强的军事实力，尤其是战术与武器方面的优势，比如大英帝国、亚历山大帝国等。大英帝国依靠船坚炮利打败了包括清朝在内的一大批传统王朝。而面对当时东业、中业、欧洲等落后的军事实力，以及很多国家内部的政治斗争和腐败，蒙古大军自然凭借独一无二的军事优势，顺利建立了横跨欧亚大陆的超级大国。

## （四）蒙古汗国时期的经济发展

蒙元时期的对外扩张，集中发生在蒙古汗国时期。这一时期，军事扩张虽是一切工作的重中之重，但经济发展同样也非常受重视[2]，因为它能为对外扩张提供物质保障。实际上，在蒙古汗国建立之前，经济发展

---

[1] 〔明〕宋濂等:《元史》卷 132《昂吉儿传》，北京: 中华书局，1976 年版，第 3213 页。

[2] 对于成吉思汗及蒙古汗国时期的经济发展，一些学者也做了梳理与分析，参见李志强、闫培龙、梅良勇:《成吉思汗经济发展思想及对当代的启示》，载《宁夏社会科学》2011 年第 4 期。

还无从谈起，更多是对周边国家及民族、部落的掠夺。随着蒙古汗国的建立，人们开始注重发展生产，尤其是成吉思汗时代，开启了新的经济发展模式。

成吉思汗即位之初，蒙古的社会经济相对单一，以游牧为主。为了改变当时贫乏的经济状况，成吉思汗下令对民众进行分工，从而促成了畜牧业、农业、手工业、商业的发展。不仅如此，他还通过立法（《大札撒》）来维护不同行业的权益。千户制实际上也蕴含他对当时经济运行方式的改革。

汗国建立之后，成吉思汗一边大张旗鼓地展开对外征伐，一边大力发展农业生产。当时的很多战俘都被他征调去从事生产劳动。经过多年的发展，克鲁伦、鄂尔浑、塔米尔等沿河流域都开始有了利用河水灌溉的农业生产，一些耐寒的糜子、麦等作物开始在这里种植。对于传统上从事游牧的蒙古人而言，他们很难理解发展农业生产、兴修水利工程等的重要性，所以在蒙古前四汗（成吉思汗、窝阔台汗、贵由汗、蒙哥汗）统治时期，北方地区原有的农业时不时地受到战争的冲击，一些水利灌溉工程也遭到了破坏，以至于北方又迅速沦为蒙古贵族们的牧场。等到忽必烈即位之后，蒙古贵族们听取汉地人才的建议，又开始重视农业。忽必烈诏告天下，"国以民为本，民以衣食为本，衣食以农桑为本"[1]，成立劝农司，将发展农业、建设水利灌溉工程提上日程。

除了农业之外，成吉思汗时期也非常重视手工业和商业的发展。手工业主要服务于战争。蒙古扩张需要大量精良的武器，而这些武器便是由很多掳掠来的工匠生产的。在和追随者征伐四方的过程中，每次战斗结束，成吉思汗都会从俘虏中挑选出手工业者、工匠，让他们在蒙古军队中服役并制作武器以及相关手工业品。就商业而言，汗国建立之前，蒙古部落就与其他民族、国家有商贸往来关系。随着蒙古的扩张，商业更加兴盛。

总之，汗国建立之后，为了维护庞大的国家机器以及社会运行，成吉思汗开始有意识地重视社会经济建设。当然，不能否认的是，成吉思汗时期的经济发展带有很强的军事色彩，或者说这一时期的经济发展主要是服务于蒙古汗国的扩张。反过来讲，随着汗国

---

[1] 〔明〕宋濂等：《元史》卷93《食货志一·农桑》，北京：中华书局，1976年版，第2354页。

的扩张与掠夺，蒙古经济也得以迅速发展。对此，正如有的学者研究所认为的：

> 成吉思汗建国后，以千户制为基础建构了全民皆兵的军事体制，在发展扩大自己军事力量的同时，重视发展着自己的经济。随着统治权力的膨胀和军队数量的增加，各项赋敛等日益成为迫切的需要，赋敛办法逐渐形成为固定的制度，并在千户制确立以后，更加完备起来。在成吉思汗远征过程中，随着军队的扩大、军需的增加，赋税更加繁重了，除了向蒙古牧民征收，也向被征服的西夏、中亚等征敛。蒙古统治阶级企图扩大掠夺和统治范围的欲望是无止境的，他们把战争看作是经常的职业和掠夺财富的捷径。军事扩张中的掠夺财富也是其经济迅速增长的主要来源之一。[1]

的确，成吉思汗虽然重视经济，包括农业、畜牧业、

---

[1] 李志强、闫培龙、梅良勇：《成吉思汗经济发展思想及对当代的启示》，载《宁夏社会科学》2011年第4期，第60页。

手工业、商业的发展，但是这些经济形态的存在与发展带有显著的军事化特征。换句话说，这种军事化的经济发展模式充满了横征暴敛与扩张掠夺。这就导致它们非但不稳定，反而还要不断从持续的军事扩张与掠夺中汲取能量。所以，当汗国军事扩张结束的时候，它的经济尤其是北方经济也开始陷入了停顿的状态。

随着扩张的南下，汗国版图扩大的同时，经济也得到了一定程度的发展，而且部分地区的游牧生活开始向中原农耕定居生活过渡。这些不能不归功于成吉思汗的经济思想与实践。对于成吉思汗时期的经济努力与成效，也有学者做了分析与总结：

成吉思汗西征前，命田镇海统领所俘汉民工匠，屯田于兀里羊欢之地，建镇海城，并设局制作。同时遣汉人贾塔拉浑驻军于谦谦州。带领成千汉人工匠，织造绫罗绵绮、锻铁、制甲、种植粟麦。此外，和林等处，丘处机在 1221 年和张德辉在 1247 年两次经过此地见到蒙古人与汉人杂居，筑土屋居住，从事耕作。和林、镇海城和谦谦州附近都有这一类居民点。成吉思汗幼弟铁木哥斡赤斤特别喜好建筑，他到处建起了宫室、别墅和庭园。考古工作者在今额尔古纳河西的乌鲁伦桂河上游发现了元代的一座城市遗址和一座宫殿遗址。可见蒙古汗国时期由于成吉思汗的远见和正确领导，手工业和建筑业有了很大的发展，农业有一定的发展，在蒙古高原上出现了西方建筑艺术和东方建筑艺术相结合的蒙古民族特色的建筑。我们可以说成吉思汗不仅是一位杰出的政治家、军事家、思想家，而且是一位敏锐的经济学家。[1]

通过成吉思汗积极有效的经济改革，蒙古高原上的经济摆脱了单一的游牧经济模式，开始出现农耕经济及其文明成就。随着农耕经济的发展，人们开始杂居、定居，"筑土屋居住，从事耕作"。基于定居生活，手工业、建筑业也出现了巨大的进步。可以说，经济的大发展，为汗国的扩张及迅速强大提供了源源不断的动力支持。

---

[1] 包高娃：《成吉思汗经济改革探讨》，载《内蒙古民族大学学报（社会科学版）》2009 年第 5 期，第 21 页。

窝阔台继承汗位之后，延续了以往的经济政策。但在金朝灭亡之后，他改变了成吉思汗时期对北方汉地进行掳掠的做法，听从耶律楚材的建议，设置征税所，扶植汉族地主统治当地，这对当地经济的恢复与发展起到了一定的积极作用。

然而在以游牧经济为主的汗国早期，蒙古贵族对汉地的掠夺还是使当时的中原经济遭到了严重破坏。对此，如学者所总结的：

> 从成吉思汗西征，灭金和灭西夏，到窝阔台、蒙哥攻宋，整个蒙古征服过程，都与杀掠或经济破坏紧密相连。从时间上讲，前四汗时期的屠掠相对较多。就地域而言，在北方汉地和四川等处，杀掠尤为惨重，对社会经济的破坏往往是毁灭性的。拿四川来说，三国时期已得到了很好的发展，唐宋时期，四川也未遭大的战乱，被誉为"天府之国"。但到了元朝，战争对当地的破坏非常严重，人口大量流亡湖广、江西，甚至江浙。直到元中叶，四川的人口也不足百万，与唐宋时期不可同日而语。北方汉地也是如此，经济残破凋敝得很厉害。

> 经济破坏说，在北方汉地和四川等处是千真万确
> 的，我们必须予以正视和承认。[1]

的确，蒙古汗国早期注重外出掠夺，所以对北方汉地、四川等屠掠较多，导致这些地方人口流亡、经济遭到破坏。与此同时，游牧经济尤其是漠北经济却在汗廷的推动下，得到了较为充分的发展。伴随着入主中原，"蒙古统治者最终仍不得不采用了适应中原汉地生产方式的原有剥削制度"[2]，取代了以往的掠夺。

到了元朝建立之后，由于政治重心转向了中原，所以在发展战略上，元廷也开始重视中原发展，尤其是经济建设。对此，忽必烈曾对南宋归降的高达说过这样的一段话：

> 昔我国家出征，所获城邑，即委而去之，未尝置兵戍守，以此连年征伐不息。夫争国家者，取其土地人民而已，虽得其地而无民，其谁与居？

---

[1] 李治安：《元史十八讲》，北京：中华书局，2014年版，第139页。

[2] 韩儒林主编：《元朝史（修订本）》，北京：人民出版社，2008年版，第195页。

今欲保守新附城壁，使百姓安业力农，蒙古人未
之知也。尔熟知其事，宜加勉勖。湖南州郡皆汝
旧部曲，未归附者何以招怀，生民何以安业，听
汝为之。[1]

从中不难看出，忽必烈也承认他的先祖在征伐时，在
乎的是财富掠夺，而没有对所征服的地方进行土地、
人口方面的治理。于是在建立元朝之后，他便着手调
整政策。为了赢得中原儒士大夫的认同，他广泛采纳
中原社会传统的治理理念，其中就包括对农业等的高
度重视。

总之，蒙元时期的经济发展呈现出了阶段性的特
征，这主要与蒙元王朝的兴起、发展有直接的关系。
由于蒙古汗国最终演化为了元朝，因而经济形态从以
游牧为重心转向了农耕经济。基于农耕经济的发展，
元朝推出了其他一系列的革新与完善。这些改革促使
元朝成为带有中原王朝特色的正统王朝之一。此外，
对农业的重视，不仅凸显了蒙元治国理政政策及文明

[1] 〔明〕宋濂等：《元史》卷8《世祖纪五》，北京：中华书局，1976年版，
第166页。

模式的转变，也为它融入并强化东亚儒家文化圈奠定了重要的物质基础。

## （五）为何西征？偶然与必然

通过西征，蒙元最终成为一个横跨欧亚大陆的超级大国。但是，蒙元最初为什么一定要西征？简言之，这是偶然因素和必然因素相互作用的结果。

就偶然性来说，蒙古兴起于北方草原，本来和北方的其他少数民族如契丹、女真一样，建立政权之后，一般都希望南下进攻中原，从而统治全国。相对于开发广袤的草原、贫瘠的土地，游牧民族更希望从中原富庶的地方掠夺现成的物资与财富。成吉思汗建立蒙古国之后，基于这种考虑，首先准备攻打南边的金、西夏、南宋等王朝。而对于西边的西辽、花剌子模甚至是欧洲各地，他起初并没有表现出任何要征伐的迹象，只是打算与他们保持友好关系，继续以往的经济贸易。

然而，现实的发展却往往出人意料。1219 年，成吉思汗带着军队攻打金朝，已经夺取了金朝的中都（今

北京），眼看就要一鼓作气拿下汴京（今开封），消灭
金朝也指日可待，可就在这个时候，一桩惨案却让他
彻底改变了想法，并由此发动了世界历史上最著名的
军事远征——西征。

原来，攻打金朝前后，成吉思汗已经与中亚的花
剌子模建立了商贸友好关系，相互表达了发展通商的
意愿。攻打金朝的时候，他派出了一支四五百人的蒙
古商队，希望他们带着金玉珠宝与花剌子模交易，换
一些马匹与粮食，因为花剌子模在当时以经商闻名于
世。然而这个商队在经过花剌子模边境的时候，守边
的将军因对商队所带的财物垂涎三尺，便以间谍罪将
他们扣押，并上报给了花剌子模的国王摩诃末。摩诃
末下令将商队的人全部处死，财物全部没收。所幸一
名驼夫逃了回去，并报告给了成吉思汗。成吉思汗立
刻取消了攻打金朝的计划。他本来想通过外交沟通的
形式，让花剌子模归还财物、惩办边境守将，但因为
边境守将与花剌子模国王摩诃末是同父异母的兄弟，
所以花剌子模不但没有同意蒙古使节的要求，还将他
给杀死了。在这种情形下，成吉思汗于 1219 年秋亲
率 20 万大军征讨花剌子模。震撼世界的蒙古西征自

此便拉开了帷幕。

此次西征的现实不利条件在于蒙古与花剌子模之间还隔着一个国家——西辽。蒙古与西辽以往的关系一直不太好，所以不可能向西辽借道。蒙古打算联合西夏一起攻打西辽，但是西夏既不积极，也不配合。即使在没有外力帮助的情况下，蒙古还是只用了3个月便攻下了西辽。随后，成吉思汗带着20万人的军队亲自征讨花剌子模。

花剌子模在当时虽是中亚的一个大国，但国力不强，"人口与经济规模都十分有限"[1]。另外，虽然有精兵40万，但是国内政治混乱，军队战斗力也远不如蒙古骑兵。面对蒙古铁骑，花剌子模只好采取守城的方式。蒙古军队采用分割包围，很快便攻下了花剌子模的首都撒麻耳干。国王摩诃末也逃到了里海的一个小岛，并最终死在了那里。

花剌子模被蒙古汗国征服、吞并，成为蒙古汗国的一部分。由于西辽、花剌子模地处中亚、西亚，随着这些地区归为蒙古所有，中西方之间的通道也便打

---

[1] 刘迎胜：《蒙元史考论》，兰州：兰州大学出版社，2014年版，第616页。

通，蒙古大军进军欧洲也就不是问题了。在征伐花剌子模的过程中，蒙古汗国虽然损失了大量的人财物，但是收获也非常丰厚：不仅带回来了10多万各种工匠，还有无数的财富。这些进一步激发了蒙古人的斗志，也强化了他们西征的动力。

整体而言，西征花剌子模虽有一定的偶然性，但偶然之中又包含着一些必然，具体分析如下：

其一，蒙古民族的传统习俗使然。蒙古民族的家族或部落一旦与谁结下仇怨，从此就会世代为仇。花剌子模处死蒙古商队与使节，对于蒙古民族来说就是国仇家恨。成吉思汗选择西征，一方面是为了树立大汗威信，另一方面也是因为传统习俗促使他必须这么做。

其二，与蒙古汗国是个游牧政权有一定的关系。蒙古汗国既没有固定的根据地，也没有什么粮食储备。他们创造财富的手段有限，只能靠抢掠。最初的时候，掠夺一般只发生在蒙古各部落之间。汗国成立之后，他们开始向外扩张，但这种扩张本身并没有太强的政治性，仅是为了获得更多的财富。他们并不知道哪里是中亚，哪里是欧洲的界限，自然没有地缘政治的概念，更没有要建立一个横跨欧亚大陆的超级大国的政治野心，他们有的就是四处掠夺，获得财富。此外，他们还用掠夺来的土地与财产奖励功臣。

其三，蒙古西征的中亚、西亚及欧洲，与蒙古攻打的亚洲南方中原王朝不同。南方中原王朝都有坚固的城池，而且多山多河流，而西亚、中亚乃至欧洲，则大多为辽阔的草原、平地。相比之下，后者更利于蒙古骑兵发挥优势。

其四，与蒙古汗国时期成吉思汗所确定的对外扩张战略有关。相对于东南方向的金、西夏、南宋而言，中亚国家的整体实力较弱。12、13世纪，欧亚大陆没有出现一个类似汉、唐、罗马帝国的强大帝国，这对于强悍的蒙古骑兵来说，无疑极具诱惑。此外，花剌子模尖锐的民族矛盾和社会矛盾也为蒙古军队的西征提供了契机。

从成吉思汗后继者们的表现来看，蒙古人的西征从偶然转向了必然。蒙古汗国在窝阔台、贵由、蒙哥、忽必烈诸汗统治时期继续对外扩张，领土面积急剧膨胀，最终成为当时世界上面积最大的王国。

# 小　结

　　蒙古汗国的建立与发展壮大，离不开强大的军事实力，更离不开灵魂人物——成吉思汗的贡献。成吉思汗纵然有勇有谋，但能够克敌制胜，自然也离不开辅翼他的整个群体，以及维护其权威与力量的制度。为了巩固统治，保障政令及千户制度有效运行，成吉思汗专门创立了怯薛制度。怯薛，就是侍卫军的意思。这些侍卫军不仅保护大汗的安全，还负责传达大汗的政令。如果哪个千户不听大汗的命令，他们就去征讨、消灭它。此外，为了加强对各地方、千户的控制，成吉思汗还在汗国内建立了1000多个驿站。这些驿站主要负责传达大汗的政令，确保政令朝发夕至的同时，保障战争资讯的畅通。正是在千户制度、怯薛制度、驿站制度等的多重制度保障下，蒙古大汗的意志才在每一个蒙古牧民那里得到有效的展现，蒙古军队才攻无不克，战无不胜。

　　蒙古民族之所以能够超越以往的北方游牧民族，很大程度上在于它将自身的优势与中原的文化进行了结合。比如成吉思汗时期所设立的护卫军、千户军就与中原兵制有一定的渊源关系，蒙古人还从中原引进了大量的火药、火器，仿照中原组建了炮兵队[1]。到了忽必烈时代，蒙古军队更是广泛采用中原兵器与兵法，比如火器、攻城器械、舰船等等，总之"蒙古将本已发挥到极致的北方游牧部落的骑射特长，与当时中原最为先进的军事精华巧妙结合，犹如天成，浑然一体，从而使自己的实际作战能力越古迈今，达到了一个前所未有的新高度"[2]。可以说，蒙古的兴起与扩张，离不开骑射特长与中原优秀文化的滋养，也正是文化自觉促使它迅速成为横跨欧亚大陆的超级王朝。

除了军事力量之外，蒙古汗国的迅速崛起也与当时周边各国及民族的国力、军力衰微有一定的关系。对此，正如韩儒林和李治安先生所言："蒙古的武力也并非是无敌于天下的。他们打西夏，前后用了二十二年，灭金用了二十三年，灭南宋的战争，竟长达

---

[1] 《元史》卷122《唵木海传》载，成吉思汗在进攻中原的时候，曾接受唵木海的建议，组建了炮兵队。

[2] 陈西进编著：《蒙元王朝征战录》，北京：昆仑出版社，2007年版，第426页。

四十四年之久。只是由于当时各国统治者的腐败无能，内部矛盾重重，国势衰弱，才终于被一一征服。"[1] "西域诸国的军事抵御，大多偏弱，像西辽、花剌子模、波斯、钦察等，多半是不堪一击。周围没有太强的国家和政权，这也是上天赐予的良机。"[2]

---

[1] 韩儒林主编：《元朝史（修订本）》，北京：人民出版社，2008 年版，第 91 页。

[2] 李治安：《元史十八讲》，北京：中华书局，2014 年版，第 23 页。

# 三、蒙元如何治国理政？

　　蒙元在短期内成为疆域辽阔的大一统王朝，在社会政治、思想文化的治理上，统治者们在继承传统治国理念与方法的同时，也根据当时社会文化的具体状况做了创造性的革新，这样就很好地维护了蒙古汗国及后来元朝的统治。蒙元统治者的这些作为，实则是基于对先进文化、文明的向往与践行。这种文化自觉促使他们在短期内成为当时整个欧亚大陆的佼佼者，以至于他们能够通过军事强力实现政治目的。不过，蒙古贵族也并非一如既往地保持先进，尤其是在元朝建立之后，他们对自身传统的固守及对新思想文化学习的排斥，导致他们在治国理政上坚持本位主义，开始采取远落后于被统治区域理念与举措的手段。这自然难以满足被统治地区的社会政治需要，最终导致社

会政治的紊乱、民众的离心离德，为其衰亡埋下了
伏笔。

## （一）蒙古贵族阶层的权益分配

蒙元时期的中央治理主要分为两个阶段：一个是
蒙古汗国时期，一个是元朝建立之后。在蒙古汗国时
期，主要是延续了传统的习俗与成吉思汗所确立的新
制度。就蒙古汗国的汗位继承来说，由蒙古贵族所参
与的忽里台大会依然扮演着重要的角色。这个大会具
有公选制色彩，它对汗位继承具有决定性的作用。即
使是前任大汗所指定的继承人，也需要得到忽里台大
会的认可，才能算是真正的继承者。因此，尽管成吉
思汗指定窝阔台为他的继承者，但他的这一决定也经
过了忽里台大会长达40多天的讨论才最终通过。也
就是说，忽里台大会有否决汗位继承人的权力。

蒙古汗国对一般的王子、功臣、外戚等则采取分
封制。成吉思汗建国之初便开始让蒙古黄金家族的成
员们积极参与王朝的管理。于是，开始推行分封制，
也就是把整个蒙古大草原分封给当时的王子、外戚、

功臣等。对于当时的分封情形,《元朝秘史》《史集》等史书都有记载。千户制作为分封制的一种,同时也是一种利益分配模式。在千户制下,以成吉思汗为核心的黄金家族的权益得到了极大的维护。对此,正如韩儒林先生所言:

> 成吉思汗即位后,就在一二〇四年整顿军马、建立千户制的基础上,将全蒙古百姓划分为九十五千户,分别授予共同建国的贵戚、功臣,任命他们为千户那颜,使世袭管领。各千户的户数并不是整齐划一的。其下分为若干百户,百户之下为十户。[1]
>
> 蒙古国的最高统治集团是成吉思汗的"黄金家族",全蒙古百姓都是他们的臣民。按照分配家产的体例,成吉思汗将百姓分配给诸子、诸弟。各支宗王都可以完全支配分属于自己的百姓和各级那颜,再将他们分配给自己的亲族。那颜们对大汗和诸王则处于绝对从属的地位,他们实际上

---

[1]　韩儒林主编:《元朝史(修订本)》,北京:人民出版社,2008年版,第77页。

是被委任管理百姓的地方军政官员，如果不称职或有不忠诚的行为，大汗可以将他们治罪，褫夺其职务，另授予他人。成吉思汗建国后，不允许再出现任何与他的"黄金家族"抗衡的贵族。……建立千户制度，正是成吉思汗防止旧氏族贵族复辟的重要措施。任何一个万户那颜或千户那颜，不管地位多么尊崇，都是皇室的臣仆。[1]

建国伊始，成吉思汗实际上就将蒙古大草原作为一个整体进行了分配，并通过千户世袭的形式，将这些资源分配给了"共同建国的贵戚、功臣"。换言之，千户制既是一种社会组织，同时也是一种权力资源及利益分配的模式。它的存在极大地提升了蒙古汗国的实力，也极大地笼络了贵戚、功臣为成吉思汗效力，更是极大地维护了以成吉思汗为核心的黄金家族的利益。

然而，对于黄金家族内部而言，或者对于整个蒙元王朝来说，汗权或皇权作为最大的权益，却始终没有得到很好的制度规范，以至于蒙元时期出现了一系

---

[1] 韩儒林主编：《元朝史（修订本）》，北京：人民出版社，2008 年版，第 79 页。

列汗权、皇权的争夺。也就是说，从成吉思汗、窝阔台汗、贵由汗、蒙哥汗、忽必烈汗到元代诸帝，他们对于最高权力即汗位、帝位的传承始终没有明确而清晰的制度建设，以至于蒙元时期皇位继承成为利益分配中最严重的问题之一，而这直接导致了超级王朝内部的权力斗争与上层政治的紊乱。对此，邱树森评价元朝帝位传承时就说：

> 元代宫廷内部围绕皇位继承问题展开的斗争，是元代政治史上十分突出的问题。从 1307 年元成宗去世，到 1333 年元顺帝即位，短短 24 年间，9 个皇帝的即位几乎都充满着激烈的斗争。皇位继承问题成了统治集团之间明争暗斗、施展阴谋、权臣擅权的一种契机，也是元代政治腐败的重要表现。[1]

蒙元时期不论是汗位，还是皇位，都是最大的政治资源，也是贵族们最为关注的利益。但是这种利益的分

---

[1] 邱树森：《妥懽贴睦尔传》，长春：吉林教育出版社，1991 年版，第 3 页。

配与传递却没有严格的制度规范，导致在汗位、皇位传承过程中充满了斗争。这些斗争极大地消耗了蒙元的力量，也造成蒙元社会政治的腐败。

另外，分封制作为蒙元时期的重要制度，"起源于蒙古黄金家族共权传统与草原家产分配习俗，主要以诸王贵戚为分封对象，是元代政治体制的一大特色，对当时的社会产生过巨大影响"[1]。这种制度初期主要体现为兀鲁思分封。兀鲁思，是蒙古音译词，是分给诸王的领地、人民之意。成吉思汗时期，黄金家族的赏赐主要就是通过兀鲁思分封的形式实现的，四大汗国其实就是兀鲁思分封的结果。从窝阔台汗开始，蒙古统治者又开始在中原推行五户丝食邑制度，规定诸王、贵族和功勋之臣在江淮以北的封地，居民每两户出丝一斤输于官，每五户出丝一斤输于本投下。忽必烈即位以后，加大了赏赐力度，改为每两户出丝两斤输于官，每五户出丝两斤输于本投下。然而，这种制度并没有得到很好的贯彻，各地诸王依然自行任命管理、征收赋税。到了统治后期，为了进一步强化中央

---

[1] 刘晓:《元史研究》，福州：福建人民出版社，2006年版，第91页。

集权，忽必烈开始分封皇子、皇孙镇守各地。这种分封与以往的形式有很大的不同，重在军事镇守而封地方藩王。

实际上，蒙元时期所推行的分封制，与中原王朝的分封制多有不同，而且还掺有传统蒙古部落时期的旧制。它与当时的王权更迭制度等一起，成为蒙元高层政治不稳定的重要因素。对此，正如有的学者所言：

> 忽里台选汗制度、黄金家族的共权原则、分封制紧密联系在一起，这三项制度所带来的汗位继承的不确定性是蒙古国时期宫廷斗争不断的根本原因。[1]

总之，蒙元时期盛行的权益分配，整体来说，在成吉思汗时代，由于他本人的人格魅力及权力操作，并没有出现太大的问题。但是，随着成吉思汗的去世，权益争斗在上百年里始终没有停止过。加上从一个游牧民族政权最终演化为以农耕为主体的政权，没有充

---

[1] 薛磊:《元代宫廷史》，天津：百花文艺出版社，2008 年版，第 47 页。

分的历史经验与丰富的政治理论供统治者完成对如此庞大的王朝的统治，以至于在面对人口占绝大多数的中原地区时，统治者总是屡屡出错，并最终众叛亲离，因失去民众的支持而使王朝陷入衰亡之中。

## （二）中央与地方行政治理的演变

蒙古汗国时期实行的是分封制、千户制度，但在元朝时期主要是行省制度。这种转变，是蒙元发展的必然结果。元朝入主中原之后，为了实现最大程度的社会控制，便采取了类似中原郡县制的管理模式。随着从分封制到行省制的转变，不仅皇权得到了进一步的强化与巩固，也为明清的地方治理提供了丰富的历史借鉴。

分封制在中国古代早已有之，不过真正开始是在周代。随着周天子权力的衰微，各分封国开始进入混战状态，先后出现了春秋五霸、战国七雄。秦始皇统一天下之后，放弃了分封制，在全国首先推行郡县二级制。不过，很快瓦解的秦朝让刘邦意识到郡县制的弊端，他于是采用分封制、郡县制并行的方式。尽管如此，汉代还是出现了七国之乱的混乱局面。西晋时期继续推行分封制，王朝最终也因八王之乱的出现而瓦解。到了隋唐宋时期，郡县制得到了进一步的完善发展。

1206年，蒙古汗国建立。怎么巩固这个大国，怎么加强蒙古汗权，成为成吉思汗的当务之急。他改革了当时落后的基层组织，建立了领户分封制，也叫千户制。也就是说，把全国的牧民分为95个千户，每个千户下面有1000户左右。为了方便管理，他又在千户上面设置了万户。不论是千户，还是万户，均为世袭。他们直接对蒙古大汗负责，并由大汗任命。

蒙古汗国的对外扩张，已经达到了欧洲，国家太大了，管理起来非常费劲，加上蒙古民族有分家产的习俗，成吉思汗于是就把新征服的土地分封给自己的子孙们。这便形成了历史上有名的四大汗国：钦察汗国、察合台汗国、伊利汗国、窝阔台汗国。当时的蒙古本部，还是由大汗直接管理。

蒙古汗国实行的分封制非常有用，很好地实现了管理。但是，到了后期，随着大汗权力的衰微，这些被分封的国土尤其是四大汗国，开始离心离德，甚至之间还发生战争。最终到了成吉思汗的孙子忽必烈时期，兄弟为了争夺汗位，蒙古汗国就瓦解了。

忽必烈建立元朝之后，开始采取中原固有的制度，当然其制度也大多沿袭了金朝旧制。在当时，中央一级的行政机构主要有中书省、枢密院、御史台。中书省是中央最高的行政机构，最高长官为中书令。但由于中书令位高权重，一般很难赋予他人，因此等于虚设。实际的首领是右丞相、左丞相。中书省下又设置了吏、户、礼、兵、刑、工六部。枢密院负责军事。御史台是最高司法机构，最高长官是御史大夫。此外，还有大司农司、国史院、集贤院、宣政院等，分别负责农业、国史编纂、教育、宗教事务等。

对于地方治理，元朝统治者放弃了蒙古汗国时期实行的分封制，推行中原的郡县制。此外，忽必烈时期还继续在中原推行行省制度。对此，如元人所言：

> 国制，中书总庶政，是为都省。幅员际天，机务日繁。相天下重地，立行省而分治焉。若稽古制，魏晋有行台，齐隋所管置外州称行台尚书省，唐以后诸道事繁，准齐分置，今行省，其遗

制也。[1]

金朝曾在各地设有行尚书省。出于军事征伐的需要，成吉思汗仿效金朝官制，在很多地方设置了行省。忽必烈即位之后，开始将这种制度推向全国。在当时全国有 10 个行省，即岭北、辽阳、河南江北、陕西、四川、甘肃、云南、江浙省、江西、湖广。行省制度在蒙元早期具有临时派出的特征，旨在执行中央的政令，但是到了元成宗时期，行省就变成了地方常设的最高机构。行省制的确立，有效地推行了中央政令，从政治上巩固了国家的大一统，使中央集权在行政体制方面得到保证。这是中国行政制度的一大变革，对后世影响巨大。省作为地方一级行政区的名称，一直沿用至今。

当然，由于成吉思汗时代的行省制度主要服务于军事征伐、搜刮财富，所以各行省的办公地点都设在水路交通要道以方便朝廷联络与指挥。10 个行省相当于 10 个大军区。可以说，在江南设置的行省，几乎

---

[1] 〔元〕许有壬:《河南省左右赞治堂记》，载〔明〕李濂撰《汴京遗迹志》卷 15，北京：中华书局，1999 年版，第 271 页。

成了元朝搜刮各地财富的重要工具。有的学者称，南方很多行省就相当于向中央转送财富的"中转站"，这种说法也不是没有道理。

蒙元时期对于普通民众究竟是怎么管理的呢？这就要提蒙元时期所采用的带有军事化色彩的户籍制度。这项制度的创始人是成吉思汗。蒙古汗国建立之后，成吉思汗将百姓按照十、百、千、万进行编制，并严格将他们纳入当时所任命的 95 个千户的管辖之内。他们须随时听候朝廷及千户的调遣。这项制度一直延续到元朝灭亡。

这项制度最大的特点就是按照职业对人进行区分，并根据职业特征分派任务。在这项制度下，户籍主要有以下几种：民户，这在元代是最多的一种户籍，他们承担国家一般的赋税徭役。军户，承担国家的兵役。匠户，承担国家手工艺品的制作。站户，承担国家驿站的建造与维护。灶户，专门从事食盐的生产。按照规定，不同的户籍种类，不能擅自更改，而且这些户籍都是父死子继、需要传承的。对于同一种户籍，朝廷还根据贫富状况分为上、中、下三个等级，每一等级又分为上、中、下三种，这样一共就有九个等级。

朝廷就是根据不同的等级，分派不同的赋税徭役。

为了维护蒙古贵族的既得利益，蒙元统治者加强了对社会基层的控制。元朝时期，他们在各地设置了村社，50户为一社，社长由统治阶层所信任的蒙古人、色目人担任。这些社长积极摧毁民间一切反抗的力量，甚至让五户合用一把菜刀，规定民间不能养马、狗、猎鹰等具有潜在危险的东西。

总的来说，蒙元时期中央高层设置了很多职位与官员，辅助大汗、皇帝处理政务。在行政领域，蒙古汗国时期一直设有最高行政长官达鲁花赤，掌管审讯诉讼、户籍分派。忽必烈即位之后，仿照汉地制度，设置中书省取代了达鲁花赤。中书省的职责类似前朝宰相，协助皇帝进行决策、监督、处理政务等。在军事领域，成吉思汗时期设有左、中、右三个万户，军权由大汗、宗王、万户掌握。忽必烈即位之后，仿照汉法，设置了枢密院。枢密院主要掌管军队的调拨、军官铨选、军人赏罚等事务。当然，枢密院的很多政令都需要经过忽必烈的许可。可以说，在忽必烈时代，中书省、枢密院就是中央军政大权的实际掌握者。此外，为了监管百官，忽必烈还设置了御史台。总之，蒙元借助武力成为一个疆域辽阔的大国，同时通过制度建设强化统治：行省制度的设立，维护了中央集权，强化了中央对地方的控制。后来明清也沿用了行省制度，并基于蒙元行省制度做了进一步优化，以防止地方权力过大，影响中央集权及其控制成效。

## （三）因俗而治的边疆治理及其成效

因俗而治的边疆治理政策，在中国历史上源远流长。比如夏朝建立之前，蛮、夷、戎、狄并存于天下，当时还没有华夏夷狄的区别。夏朝建立之后，便推行以王畿为统治中心，向四周辐射的五服制度。这样一来，人们便把王权所在的中央视为中国或中原，中原各族当时被称为诸夏，而把四周民族称为四夷。随着夏王朝的发展，王权所在的中原或中国在文明程度上高于四夷，华夏的中心及正统地位便确立了起来。此后，周、秦、汉、唐，只有继承华夏文明的才被视为正统，而周边则被视为蛮夷。夏朝的五服制度、汉代设立的西域都护府、唐朝推行的羁縻府州和都护府，都是古代因俗而治的典范。

元朝借鉴了以往王朝管理边疆的经验，也采取了因俗而治的政策，对吐蕃采取"政教合一"的政策，并将藏传佛教作为国教，极大地赢得了吐蕃对中央政权的认同。吐蕃当时的最高管理者是宣慰使都元帅，其次是宣抚、安抚、招讨等，他们均由朝廷宣政院或帝师直接推举。从中央到吐蕃，沿途设有驿站，方便二者的交流与联系。

岭北作为蒙元的兴起之地，在蒙古汗国时期最主要的发展是窝阔台汗对和林城的建设。元朝建立之后，朝廷在那里设置了岭北行省。行政单位基本上还是延续了蒙古传统的千户制度，土地分别隶属于诸王、皇亲国戚、功臣等。不过，这一时期岭北地区的行政地位相比蒙古汗国时期有所下降。实际上，蒙元时期由于朝廷的持续性重视和发展，岭北地区在文明程度上已经远远超越了前朝。

东北边疆的土地与民众，在蒙古汗国时期主要被分封给了汗国或功臣的诸子、诸弟。忽必烈时期，朝廷在这里设置了辽阳行省。辽阳行省下设七路一府，再下面有军民万户府、元帅府、刑按察司等。

当时的西北边疆，主要指的是今天的新疆、中亚一带。蒙古汗国时期，这一带民族众多，语言文字多样。统治者通过册封、联姻等形式，笼络当地的民族首领，使他们成为西北边疆治理的重要力量。

对于西南边疆，汗廷起先推行千户制度，后改为行省制度、土司制度，大量任用当地土族首领来进行管理。忽必烈建立元朝之后，曾派回回人赛典赤·赡思丁担任云南行省平章。赛典赤到了云南之后，开始兴修水利灌溉系统，大力发展农业，使当地数十万亩田地得到灌溉保障。在他死后，其子继任行省平章，推动了云南地区金、银、铁矿的开采，并积极发展刀、甲等手工业，由此极大地推动了当地经济的发展。

整体上来看，蒙元时期的地方及边疆制度建设分为两大阶段：第一个阶段是蒙古汗国时期，主要采取的是分封制度；第二个阶段是元朝时期，主要采取的是比较汉化的中央机构与行省制度，这与以往的羁縻州有所不同。对此，如李治安先生研究所认为的：

> 元朝边疆范围内的政区建置变化主要是：直接治理型的宣政院、行省、宣慰司、宣抚司、安抚司、长官司等取代羁縻州。在岭北、东北和西

> 北，行省及宣慰司是直接治理边疆的主要官府形
> 式。在西南，除云南设行省和宣政院主管吐蕃外，
> 主要是宣慰司、宣抚司、安抚司、长官司等"土官"
> 设置。[1]

汗廷在这两个阶段的制度建设，始终尊重以往传统，比如蒙古汗国时期的分封制建立在草原分家产制度的基础上。后来，元朝立足于中原，决定了它必须采取汉族的制度来巩固统治。元朝的因俗而治尤其是土官制度，可看作在尊重当时现状基础上所做的完善，对于维护大一统有一定的积极意义。[2] 土官制度与唐代所推行的比较松散的边疆羁縻政策不同，因它更利于强化中央集权而后被明、清所继承。进而言之，元朝先进的政治理念与制度建设，尤其是针对边疆地区推行的"自治"政策，即使对于我们今天的治国理政也都有直接的影响。如就行省制度的影响而言，正如李

---

[1] 李治安：《元史暨中古史论稿》，北京：人民出版社，2013 年版，第
25 页。

[2] 参见李治安：《元史暨中古史论稿》，北京：人民出版社，2013 年版，
第 29 页。

治安教授所说的：

> 元代的一项积极的建树，是创立了行省分寄式中央集权。元世祖忽必烈统一全国后，先后设立陕西、四川、甘肃、云南、江浙、江西、湖广、河南、辽阳、岭北、征东十一行省。就职司和性质而言，举凡钱谷、兵甲、屯种、漕运等军国重事，行省无所不辖。十一行省犹若十一大军区，又兼为中央与地方间的财富中转站和行政节制枢纽。中央与地方的权力分配，同样以行省为枢纽。行省具有两重性质，又长期代表中央分驭各地；主要为中央收权兼替地方分留部分权力；所握权力大而不专。行省分寄为朝廷集权服务，朝廷集权始终主宰着行省分寄。元行省制创建了13、14世纪中央与地方权力结构的新模式，对明清近代影响至深且重。

> 明清两代，名义上废除了行省制，但省的区划并没有大的改变，布政使司、按察使司等仍然构成省一级官署。只是省的数目略有增多，省级官署又裂为二、三，分掌行政、财政、司法及军

事，以收相制于外和强化中央集权之效。由于布、按等司鼎立，缺乏应有的协调配合，明后期和清代又另设总督、巡抚，充当统辖一省或数省的封疆大吏，布、按二司则隶属其下。显然，明清的三司督抚大体上沿袭了元行省分寄式中央集权的模式。[1]

元朝所设立的很多行省，在明、清、民国包括今天依然存在。当然，相对于后代的行省来说，元代的行省兼及军政财富大权，成为当时中央在地方的重要权力枢纽。尽管明清时期在权力上对行省做了分割，但无论如何变迁，基本上不离元代所设定的大体框架。可以说，元朝的行省制度得到了明清的继承与发展，很好地维护了当时的社会秩序，尤其强化了中央对边疆地区的掌控。

不仅如此，元朝的其他边疆管理制度也得到了后世的继承与发展。如明朝发展了元朝的土司制度，要求西南土司必须履行中央规定的各种义务。清朝则制

[1] 李治安：《元史暨中古史论稿》，北京：人民出版社，2013 年版，第225 页。

定了《回律》《番律》《蒙古律》《苗律》等民族法典，标志着传统因俗而治的制度进入了法制化的新阶段。中华人民共和国建立之后也借鉴了元、明、清因俗而治的传统，推行民族区域自治政策，建立了5个自治区及若干个自治州、县等。可以说，因俗而治是总结中国自古以来边疆民族治理经验的结果，是对各民族各地区历史、文化及现状的肯定。通过实行因俗而治的政策，蒙元的统治阶层较好地解决了统一多民族国家的权力治理问题，从而有效地维护了国家主权的统一性与合法性。

## （四）重商轻农的"全球化"经济

蒙古汗国在建立之前是分散的部落，人们游牧，吃兽肉，穿兽皮。"畜牧是蒙古草原诸部获得生活资料的主要来源。"[1]人们住的是随时可以拆卸、组装的毡房。走到哪里，哪里便是家。这种一盘散沙的散居状况，自然也造成了周边辽、金对蒙古民众的欺凌。

---

[1] 周良霄、顾菊英:《元史》,上海:上海人民出版社,2003年版,第50页。

统一蒙古各部之后，为了改变游牧经济落后、无力支撑军事发展的状况，也为了有效地凝聚民众的力量，成吉思汗推行经济军事化的理念。当时规定，每个牧民都要向国家交纳赋税（这些赋税往往不是金钱，而是实物），以此来满足大汗朝廷与军队的需要。在当时，即使是牧民剩余的生活物资，也必须上交国库或者储备在自己家中以备战时需要。一旦有战争，除了动用国库物资之外，各地的牧民也要携带自己家的物资储备随同千户长们出征。

在窝阔台汗统治时期，耶律楚材作为当时重要的辅佐大臣，极力推动蒙古汗国的经济发展。他奏请窝阔台汗在各地设立了课税所，由汉儒担任官员。此举改变了以往蒙古尤其是色目人掳掠、勒索、聚敛等的野蛮方式，不但大大增加了国库收入，也极大地提升了儒士及儒学在蒙古汗国的地位与影响。耶律楚材因此赢得窝阔台的加倍信任，"即日授中书省印，俾领其事，事无巨细，一以委之"[1]。

为了进一步强化汗权，耶律楚材奏请推行更为完

[1] 〔元〕苏天爵编：《元文类》卷 57《中书令耶律公神道碑》，四部丛刊景元至正本，第 597 页。

善的汉化税收制度——"朝廷置吏，收其贡赋，岁终颁之，使毋擅科征"[1]——以此来约束各方分裂势力。他的建议随即得到窝阔台汗的支持，这便促成了五户丝制度的实施。五户丝制的实行，"大大地限制诸王贵族的权益，提高集中皇权"[2]。经济领域推行的汉化税收政策，对于压制以搜刮、钻营方式敛财的色目人，赢得以农耕为主的中原汉地臣民的政治支持，有十分重要的现实意义。

窝阔台汗还极力加强交通、信息方面的建设。他在成吉思汗时期所建立的驿站制度的基础上，进一步做了完善工作。比如，以蒙古为轴心，建立了南北纵横的网络状驿站线路，不仅强化了中央对地方的控制，也促进了各地的信息交流与商业往来。

蒙古汗国时期，汗廷注重四处征伐与掠夺而忽视生产，尤其是农业生产。忽必烈建立元朝之后，才真正开始改变以往统治者对农业轻视的态度，并在恢复

---

[1] 〔明〕宋濂等：《元史》卷146《耶律楚材传》，北京：中华书局，1976年版，第3460页。

[2] 周良霄：《元代投下分封制度初探》，载元史研究会编《元史论丛》第2辑，北京：中华书局，1983年版，第63页。

和发展农业生产方面做了很多的努力。比如，中统三年（1262），忽必烈召见了当时的水利专家郭守敬。郭守敬提出的"水利六事"，得到了忽必烈的高度认可。他被任命为都水少监，专门负责水利建设事宜。对此，《元史·郭守敬传》有载：

> 中统三年，文谦荐守敬习水利，巧思绝人。世祖召见，面陈水利六事：其一，中都旧漕河，东至通州，引玉泉水以通舟，岁可省雇车钱六万缗。通州以南，于兰榆河口径直开引，由蒙村跳梁务至杨村还河，以避浮鸡淀（今谐音作"伍旗"）盘浅风浪远转之患。其二，顺德达泉引入城中，分为三渠，灌城东地。其三，顺德沣河东至古任城，失其故道，没民田千三百余顷。此水开修成河，其田即可耕种，自小王村经滹沱，合入御河，通行舟筏。其四，磁州东北滏、漳二水合流处，引水由滏阳、邯郸、洺州、永年下经鸡泽，合入沣河，可灌田三千余顷。其五，怀、孟沁河，虽浇灌，犹有漏堰余水，东与丹河余水相合。引东流，至武陟县北，合入御河，可灌田二千余顷。其六，

黄河自孟州西开引，少分一渠，经由新、旧孟州中间，顺河古岸下，至温县南复入大河，其间亦可灌田二千余顷。每奏一事，世祖叹曰："任事者如此，人不为素餐矣。"授提举诸路河渠。四年，加授银符、副河渠使。[1]

郭守敬所提出来的"水利六事"，主要涉及的是北方地区尤其是黄河流域陕西、河北、河南、山西、宁夏等地的水利灌溉建设事宜。由于建设思路清晰，方法得当，他很快被委以重任，负责当时全国的水利灌溉事宜，极大地推动了北方水利、农业的发展，为元朝立足中原、稳固政权提供了强大的物质保障。

此外，面对当时漠北蒙古贵族对北方农业的破坏，忽必烈下令保护农田。他屡次禁止蒙古贵族与军队因为打猎而破坏农田以及将农田开辟为牧场的行为。为此，他还专门设置了掌管农业的机构——劝农司。劝农司，顾名思义，就是勉励农民种地的机构。他还命人编修了一本专门讲述如何种地、养蚕的书籍——

[1]〔明〕宋濂等：《元史》卷164《郭守敬传》，北京：中华书局，1976年版，第3846页。

《农桑辑要》。这部书编修好了之后便颁行天下。此外，他还在北方民间建立了村社。村社负责督促农民种地、开荒、挖沟等事宜。总之，由于忽必烈的重视，元朝的农业获得了一定的发展，人口数量甚至超过了唐代开元盛世时期[1]。棉花在元代也得到了广泛种植，朝廷还设立了木棉提举司，极大地解决了民众的穿衣问题。

当然，相对于农业来说，元朝更重视手工业的发展，毕竟它能为朝廷提供优良的军械设备与各种消费品。当时手工业的门类很多，几乎应有尽有。朝廷为了发展手工业，为工匠设立了匠户、匠籍。匠户、匠籍不仅不得随意改行，还须子孙世袭。手工业者享受一些优待，比如不用交税、不承担其他差役。手工艺品方面，以瓷器最为有名。元代的瓷器不仅畅销国内，还远销欧亚各地。如元末来中国的旅行家伊本·拔图塔就曾记载说，中国的瓷器一直输出到摩洛哥。

相对于农业、手工业来说，元朝的商业更为繁荣，这与当时大一统局面的形成、发达的水陆交通及纸币

---

[1] 陈高华：《元史研究论稿》，北京：中华书局，1991年版，第183页。

的广泛流通有直接的关系。窝阔台汗借鉴金朝的做法，印刷纸币。到了元代，忽必烈极大地改进了纸币制度，使得纸币更加可信，并由此通行全国各地。统一且稳定的纸币流通，大大增进了各地之间的经济交流，加速了商业的繁荣。不过到了元朝后期，政府滥发纸币导致物价飞涨，百姓便放弃纸币，开始以物易物。

由于元朝重视商业，当时形成了若干个商业中心与大都市，比如大都、杭州等。大都不仅是元朝的政治中心，也是当时闻名于世的商业大都市。马可·波罗称赞大都的货物繁多，为世界其他城市所不能比。杭州作为南宋的都城，它的商业繁荣更胜一筹。马可·波罗称赞杭州是世界上最繁华、最富有的城市，摩洛哥旅行家伊本·拔图塔也说他从来没有见过比杭州更大的城市。

元朝的商贸非常发达。当时的蒙古贵族、王妃、公主、大臣等都通过各种途径从事商业活动，进而获得丰厚的利润。不仅如此，元朝的很多寺院、道观也从事营利性的商业活动。他们开设茶馆、客栈等，从中获取利益。

蒙元的建立打破了欧亚之间的外交壁垒，为当时海内外的商贸发展提供了前提。作为横跨欧亚大陆的超级王朝，蒙元的海外贸易也非常发达。为了方便管理，元朝先后在泉州、庆元（今浙江宁波）、上海、澉浦（今海盐县南）、温州、广州、杭州等地设立了市舶司，并在南宋官员的参与下制定了市舶法。可以说，元朝的市舶制度，"大抵皆因宋旧制，而为之法焉"[1]。泉州是当时最大的对外贸易港口，每天经由这里进出口的商品有瓷器、丝绸、丁香、豆蔻、胡椒、钻石、珠宝等，名目异常繁盛。元朝当时先进的船舶制造、航海技术，也直接为商贸及海外交流提供了强大助力。对此，陈高华先生说道：

> 　　由于元代我国海舶制造和航海技术都居于世界先进之列，再加上全国统一以后，农业、手工业都得到了一定的恢复和发展，能够为海外贸易提供丰富的物资，因此，我国商舶东起高丽、日本，西抵非洲海岸，十分活跃。[2]

---

[1] 〔明〕宋濂等:《元史》卷94《食货二·市舶》，北京：中华书局，1976年版，第2401页。

[2] 陈高华:《元史研究论稿》，北京：中华书局，1991年版，第105页。

的确，元朝的船舶制造、航海技术都达到了很高的水平，加上朝廷对海外贸易的支持，使得元朝对外交流、贸易进入了新的阶段，贸易范围与规模也远远超过了前代。

此外，为了满足军事、政治统治的需要，促进商品经济的流通，朝廷也非常重视水陆交通的建设。当时的陆路交通有遍布全国的驿站、驿道，水上交通便是大运河。为了满足运粮需要，元朝将隋朝开凿的大运河直接贯通至元大都。大运河的南北凿通，也加强了当时南北商旅的往来。

总之，在不到100年的统治时间里，元朝的农业、手工业、畜牧业都得到了一定的发展，这自然为元朝海外贸易的发展提供了充足的物资前提。但是相比前朝，蒙元时期除了原来南宋所统治的江南经济略好之外，北方的经济非常凋敝。这是统治者不重视农业的结果，他们甚至将北方的很多田地改成了蒙古人的牧场。对于当时黄河泛滥所造成的灾难，有元一代始终没有给予高度重视。朝廷竟然担心一旦治理黄河，参与治理的民工就会聚众造反。可以说，相对于中原所建立的汉、唐、明、清王朝，蒙元王朝虽然在经济上有所恢复，但也是最不重视农业经济的王朝，这一点与阿拉伯帝国非常相似。阿拉伯帝国在全盛时期，与东方的唐帝国并称为世界的两强，但是为了与当时的唐帝国进行领土争夺，阿拉伯帝国全力发展军事，不重视经济尤其是农业发展，导致内部农民起义不断，以至于怛罗斯之战后无力东进，最终被蒙古帝国所灭。政权的多元性，造成蒙元时期的发展充满了功利性，也难以形成带有典型中原化特征的王朝模式。不过，作为横跨欧亚大陆的超级王朝，较以往各个王朝而言，蒙元更大程度地推动了"全球化"：不仅将中国的商品及文化传播到全世界，推动中华文化、文明走出国门、走向世界，而且也间接帮助提升了欧洲、阿拉伯地区的文明程度，为欧洲人开展海外贸易和海外探索，以及人类新时代的到来做出了贡献。

## （五）信仰自由的宗教文化政策

面对地域广袤、民族众多、文化多元的蒙元王朝，统治阶层采取了怎样的宗教文化政策？为了减少被征服地区的抵抗，成吉思汗到处宣扬宗教信仰自由、各种宗教文化平等共存的政策，即"每个人都可以有自己的信仰，保持自己祖先的规矩"[1]。这样一来，在蒙古汗国境内，萨满教、伊斯兰教、佛教、基督教、道教、儒学等宗教文化处于并存流行的状态。

当然，我们也应该明白，成吉思汗推行多元宗教文化并存的政策，实际上是出于"实用"的心态：他一方面希望各种宗教文化能像长生天之下的诸萨满信仰一样，为他祈福，帮他维护汗权。[2]另一方面也是希望它们互相牵制、互相制衡，利用彼此在价值信仰上

---

[1] 〔波斯〕拉施特主编，余大钧译：《史集》第1卷第2分册，北京：商务印书馆，1986年版，第253页。伊朗学者志费尼也有此说："（成吉思汗）因为不信宗教，不崇奉教义，所以，他没有偏见，不舍一种而取另一种，也不尊此而抑彼；……他一面优礼相待穆斯林，一面极为敬重基督教徒和偶像教徒。他的子孙中，好些已各按所好，选择一种宗教：有皈依伊斯兰教的，有归奉基督教的，有崇拜偶像的，也有仍然恪守父辈、祖先的旧法，不信仰任何宗教的；但最后一类现在只是少数。他们虽然选择一种宗教，但大多不露任何宗教狂热，不违背成吉思汗的札撒，也就是说，对各教一视同仁，不分彼此。"见〔伊朗〕志费尼著，J. A. 波伊勒英译，何高济译：《世界征服者史》，北京：商务印书馆，2004年版，第27页。

[2] 杨建新、马曼丽：《成吉思汗、忽必烈评传》，南京：南京大学出版社，2002年版，第211页。

的矛盾、摩擦，从而帮他实现对汗国内部各族群的有力掌控。[1] 正如英国人克里斯托弗·道森（Christopher Dawson）分析基督教在蒙古汗国初期兴盛的原因时所说：

> 初期诸汗的重要蒙古官吏，有很多是基督教徒……然而，基督教的这个远离中心的教区在蒙古统治时期经历了短期的复兴和扩大，这不仅是由于蒙古的一般宽容政策，而且更由于下列事实：蒙古人决心摧毁伊斯兰教的世俗权力，他们把这种权力看作是成吉思汗的世界帝国理想的主要障碍。[2]

多元宗教文化并存政策不仅有利于蒙古大汗及贵族实现对所占领地区及臣民的有效控制，还可在一定程度上维护汗权及大一统王朝的稳定。在成吉思汗时代，

---

[1] 周爽：《元代国家宗教政策初探》，硕士学位论文，辽宁师范大学，2011年4月，第11—15页。

[2] 〔英〕道森编，吕浦译，周良霄注：《出使蒙古记》，北京：中国社会科学出版社，1983年版，第19页。

中原的儒学、道教也开始在蒙古汗国内广泛传播，不过它们与伊斯兰教、基督教一样，被视作一种宗教文化，而非政治学说。无论如何，成吉思汗的这种宽容的宗教文化政策，对后来的大汗及元朝皇帝产生了直接的影响："这项原则，所有它在东方和西方的后裔历代都忠实地予以遵守。"[1]

在宗教文化方面，蒙元的做法与世界上的其他大国相似，它们都强调兼收并蓄，鼓励多元并存。比如罗马在对外扩张的过程中就不断吸收、接纳各地的宗教文化，后来从犹太教中分化产生了基督教。基督教的诞生可以说是罗马实施宗教信仰自由政策的结果。即使到了基督教形成规模的时候，罗马帝国早期依然对它采取了宽容的态度，这就为后来基督教成为罗马帝国的国教奠定了基础。

元朝建立之后，对于在中原占主导地位的儒学，忽必烈始终不敢忽视，甚至在他即位前后，儒学及其势力曾是他拉拢的重要对象。然而等到权力得到巩固之后，他便开始大力推崇藏传佛教，并使佛教成为国

---

[1]〔英〕道森编，吕浦译，周良霄注：《出使蒙古记》，北京：中国社会科学出版社，1983年版，第18页。

教。当然，忽必烈并非佛教的首倡者，在他与蒙哥汗主持"僧道辩论"时，佛教便明显取得优势，随后得到汗廷的重视。由于忽必烈重视佛教，以后的元朝诸帝也继承了这个理念，对佛教格外推崇，以至于佛教在元朝得到了空前的发展，正如元代学者危素所说："盖佛之说行乎中国，而尊崇护卫，莫盛于本朝。"[1]蒙元统治者重视佛教的同时，也非常重视色目人所信奉的伊斯兰教。

总之，成吉思汗时期所确立的宗教信仰自由政策，即允许各种宗教文化在元朝传播，使得中原流行的儒学、道家学说也得到了一定的发展，尤其是在元朝建立之后，作为中原主要宗教文化的道教、儒学，自然也在朝廷的重视之列。除了忽必烈在其统治前期非常重视儒学之外，到了元仁宗时期，朝廷还将程朱理学作为科举考试的必考内容。程朱理学实现了宋代以来最大范围的传播，为明代理学的传承与发展奠定了学术思想基础。当时蒙元王朝内绝大多数人信仰的依然是传统的儒学，儒学在中原已经有了上千年的流传历

---

[1] 〔元〕危素：《危太朴集1》卷5《扬州正胜寺记》，北京：文物出版社，1986年版，第196页。

史。不过在重视儒学的同时，蒙元统治者始终没有放弃文化本位主义思想，他们只是将儒学作为维护统治的工具而已。

蒙元时期所推行的宗教信仰自由政策，在本质上是一种结合实际情形的先进文化与政治策略。它所折射出的包容心态不仅有对自身文化的信仟，也有对不同文化及势力的尊重。毕竟在蒙元辽阔的疆域内，不同的文化包括萨满教、基督教、伊斯兰教、道教等，既是不同族群的信仰，也是一种客观存在的社会力量。为了维护大一统王朝，蒙元统治者就必须采取开放的心态，接纳不同的文化体系及社会力量。这在客观上不仅促进了不同民族的大力发展及其对中央的文化政治认同，更是推动了当时蒙元境内不同文化的交流与融通，以至于出现了中国近世以来文化大发展的局面。如有学者研究后所总结的：

> 元朝实现了中国历史上前所未有的统一，结束了长达数百年的南北分裂局面，并使许多边疆地区归属中央政权管辖之下。这是元朝历史不同于前代的特点。在宋与辽、金先后对峙的时代，

南北双方隔阂很深，彼此设置种种障碍，文化的交流只是偶然的、个别的。例如南方盛行理学，而在金朝统治下的北方，则对此有兴趣者为数寥寥，不受重视。蒙古（元）军南下，理学北上，逐渐成为全国思想界的主流。在元朝统一以后，南北人物彼此往还，互相切磋，无论文学艺术创作，或是学术研究，都起了极其有益的作用。南北的绘画、书法，原来风格不同，统一以后互相影响，有更大的成就；杂剧南移，推动了南方戏剧的发展；如此等等。《大一统志》的编纂，是南北各族学者共同努力的结果，而大统一的局面则是此书能够编成的前提。许多作家能够游历南北名山大川，了解风土人情，开阔了视野，得以写出美好的诗文。而边疆地区归附元朝以后，和中原地区关系日益紧密，中原传统文化远播边疆各地，边疆各族的文化也相继传入中原，产生了程度不等的影响，使中原文化更加丰富多彩。一大批蒙古人和西北各族成员来到中原，接受中原传统文化，并在文学艺术和学术上有所发明创造。以中原传统文化为主的多民族文化共同发展，形成元代文

化一大特色，这正是大统一的结果，是前代所未
有的。[1]

蒙元的大一统为当时思想文化、文学艺术等的发展提
供了更加广阔的平台，不同民族、不同文化借着地理
之便都展开了各种形式的交流，由此也为各种文化的
发展提供了丰富的思想资源。一方面，作为当时主流
文化的儒学经由朝野之士传播到了漠北、中亚、东南
亚甚至欧洲各地，由此实现了儒学自诞生以来最大范
围的传播；另一方面，文学艺术也在宽松的文化氛围
下得到了发展传播，尤其是民间俗文化发展成为一
种潮流，极大地满足了蒙古人、色目人的文化需求，
也最大限度地实现了不同民族基于这种俗文化认同
的国家认同。此外，在史学、地理学、自然科学等领域，
蒙元也在以往的基础上继续发展，为明清时期文化的
繁荣奠定了重要的基础。

　　总的来看，蒙元时期所推行的宗教信仰自由政策
进一步强化了中央对不同地区、不同族群的管控，提

[1] 陈高华、张帆、刘晓：《元代文化史》，广州：广东教育出版社，
2009 年版，绪论，第 5 页。

117

升了蒙元的文明与国际化程度。但是由于缺乏占主导地位的文化体系作为指导思想，不同族群的凝聚力有待加强。尽管到了元朝时期，朝廷推行儒学并将理学作为科举考试的必考内容，但是蒙古贵族始终没有放弃文化本位主义思想，导致具有主导意义的意识形态始终没有建立起来。这样一来，不同族群虽然会基于不同的利益诉求展开交流，但是因为缺乏文化上的认同而难以形成一个文化共同体及民族共同体。这就使中央权力弱化之后，不同族群难以形成基于文化认同的政治认同，最终导致超级王朝内部出现了不同的声音及不同的社会势力。这些声音和势力反过来又会消解中央的权威及王朝的凝聚力，最终促使中央因失去对地方的有效掌控而土崩瓦解。相比较而言，清朝与蒙元一样是一个少数民族建立的中原政权，但它在宗教文化方面却更加自觉，通过主动出击，积极作为，利用儒学、汉文化建构出了新的学术形态——清学，极大地赢得了中原社会精英阶层——儒士大夫们对清朝统治的认同，从而实现了基于文化认同的政治认同、国家认同，有效地维护了超级王朝的存在。可以说，文化认同是政治认同的基础，也是民族共同体形成的内在决定力量。失去了文化认同，自然难以形成维护大一统的内在自觉，王朝内部的稳定也便无从谈起。

# 小　结

作为横跨欧亚大陆的超级王朝，蒙元成为以往北方少数民族所建立政权并南下一统中原的成功者。为了维护这种大一统王朝，解决文明冲突所造成的紧张关系，蒙元统治阶层在继承以往传统的同时，也做了全面的调整与改革。这些调整与改革不仅提升与完善了自身文明，推动了人类文明的进程，而且帮助统治者实现了对超级王朝的有效掌控，并使蒙元成为那个时代的引领者。所以不能否认的是，蒙元时期的很多制度与政策，不仅符合时代需要，而且极富创见与成效，比如千户制度、分封制度、土司制度、行省制度、宗教信仰自由政策、重商轻农等。

当然，也不能否认的是，蒙元王朝在国家治理方面也有局限与不足。比如在蒙古贵族阶层的权益分配方面，始终未能摆脱传统束缚，形成清晰有效的机制，导致汗位、皇位的更迭充满血雨腥风，并最终引爆蒙元政治的最大危机，导致蒙元彻底瓦解。在经济方面，虽然当时的重商政策在延续传统的基础上有力地满足了超级王朝的物质需要，但随着元朝立足中原，它便失去了往日的重要意义与价值，毕竟对商业与功利主义的重视与强调，对当时占人口绝大多数的中原农民而言，无疑是不利的。有元一代，农业、农民、农村等"三农"问题始终得不到应有的重视。这自然让传统秉承民本思想的中原社会精英阶层——儒士大夫们倍感失落。更为主要的是，儒士大夫们也由于蒙元统治阶层固守文化本位主义思想而始终得不到应有的重视，加上对现实重商、重利的不满与排斥，最终失去了对统治阶层的由衷支持。

总之，蒙元在治国理政方面存在着阶段性的得失。在其早期，尤其是成吉思汗时代，很多政策与制度不仅充分体现了成吉思汗本人的英明，更是体现了整个汗国的文化自觉——积极吸纳所接触到的一切文明的优秀成果。这些为蒙古汗国的迅速壮大及横跨欧亚大陆的超级大国的建立提供了助力。元朝的建立，忽必烈同样功不可没。蒙元时期所创造的辉煌，离不开成吉思汗、忽必烈的开创性贡献及其所设定的治国理政的思维框架。无论如何，蒙元能够基于文化自觉，实现欧亚大陆的连通，在社会政治治理上也多有创见，不仅推动了中原农耕文明的发展，更是为中亚、西亚、欧洲的文明进步提供了助力，为当时区域全球化的发展提供了历史契机。

# 四、蒙元王朝为何迅速衰亡？

　　蒙古汗国存在的时间很短，从 1206 年成吉思汗统一蒙古各部落开始算起，到 1259 年孛儿只斤·蒙哥去世，蒙古汗国就解体了，分成了 4 个相对独立的汗国。随后，由忽必烈建立元朝，在某种意义上来说，这是一个新的开始。即使如此，元朝作为中国王朝的一个重要组成部分，也并没有存在多久，不到 100 年就灭亡了。其中的原因有很多，除了统治者自身的因素之外，还有治国理念方面所存在的问题以及由此衍生出来的很多新的弊政，比如在制度设定、文化及意识形态的建构上都出现了明显的偏失，加速了整个王朝的衰亡。

## （一）蒙元权力继承制的混乱

成吉思汗于 1206 年建立蒙古汗国之后，便开始推行分封制。这个制度有效地维护了汗权，进一步扩大了蒙古贵族的既得利益，自然也为蒙古汗国的迅速崛起提供了动力。当时的分封制，主要是根据个人或部族对国家贡献的大小，赐予其一定的封地、爵位、百姓、财富等。

不过，对于最高权力尤其是汗位的继承及其利益，成吉思汗在位期间，并没有建立起类似中原王朝的"嫡长子继承制"。这也是成吉思汗留给蒙元的缺憾。如黎东方所言：

> 这个差不多是成吉思可汗所一手创造的国家，却有一个极严重的缺陷：皇位的继承法没有规定，只是依仗贵族大会（忽里台）来公选。[1]

———————

[1] 黎东方：《黎东方讲史·细说元朝》，上海：上海人民出版社，2013年版，第 117 页。

成吉思汗也有自己的无奈，毕竟嫡长子继承制度不仅不适合游牧文明，而且也与蒙古当时流行的"幼子守产"制度有一定的冲突。"幼子守产"，即最小的孩子在家守家，由他最终继承父母留下的大部分家产；其他年龄较大的孩子，长大成人后就要外出生活，甚至跟随长辈南征北战，最终也会继承一小部分家产。这种分配制度，虽然为蒙古的扩张提供了助力，但是却会影响整个王朝的稳定。

成吉思汗去世之后，他生前指定的三子窝阔台继承了汗位，因为长期在外跟随成吉思汗四处征伐，经过多年战争的洗礼，窝阔台已经成长为一位骁勇善战的虎将。成吉思汗的长妻孛儿帖共生了4个儿子：长子术赤、次子察合台、三子窝阔台、四子拖雷。他们都曾随成吉思汗东征西伐，为蒙古帝国的奠基立下了汗马功劳。于是，成吉思汗根据4个儿子的才能和特长，给他们安排了不同的职责与任务：术赤掌管狩猎，察合台职掌法令，窝阔台主持朝政，拖雷统率军队。

虽然成吉思汗提前做了很好的安排，但是随着他的去世，超级王朝的内部还是展开了激烈的争夺汗位的权力斗争。1227年，成吉思汗最小的儿子拖雷因为手握军权而成为蒙古汗国的实际掌权者。也因为他的存在，忽里台大会没有及时召开，导致汗位空缺了两年多。两年之后，即1229年，为了维护蒙古汗国的集体利益，蒙古贵族召开忽里台大会，推选新的大汗。大会争议了40天，有人支持窝阔台，也有人支持按照传统，让成吉思汗最小的儿子拖雷继承汗位。但由于窝阔台是成吉思汗指定的汗位继承者，所以拖雷也不敢过于坚持。最后，拖雷在耶律楚材的劝说下支持窝阔台，窝阔台就继承了汗位。

窝阔台做了大汗之后，由于受传统势力的重重阻挠，未能制定出有关汗位继承的制度规则，以至于在他去世之后，汗廷又陷入了接班人的纷争之中。几年后，窝阔台之子贵由继承汗位，但在位不到三年他就病死了。贵由去世之后，蒙古汗国又陷入了王位的纷争之中。蒙哥（拖雷之子）也是经历了很多波折，才最终登上汗位。

尽管蒙哥即位之后极力加强中央汗权，扩张了蒙古帝国的版图，但是依然没有处理好汗位继承问题，这为蒙古汗国的分裂埋下了伏笔。1259年，蒙哥汗去世，蒙古汗国又出现了汗位继承的问题。当时留守的是蒙哥汗最小的弟弟阿里不哥，他也很想继承汗位。实际上，当时最有可能继任的是忽必烈。这样一来，"幼子守产"的传统又对汗位继承产生了冲击。之前在窝阔台、拖雷之间发生的兄弟争夺汗位的一幕又开始上演。

蒙哥汗去世的时候，忽必烈正带领军队在外与南宋进行战争。在这种情况下，为了获得汗位，忽必烈没有回到首都和林奔丧，而是在外直接自立为大汗。这就给蒙哥与忽必烈最小的弟弟——阿里不哥一个措手不及，打乱了他本想在忽必烈奔丧之际实施夺位的计划。不过，阿里不哥很快也在首都和林蒙古贵族的怂恿下当上了大汗。蒙古当时由此出现了兄弟两位大汗，即忽必烈与阿里不哥。两个人按照传统都是汗位的合理继承者，于是兄弟之间展开了激烈的汗位争夺战。

这场争夺战持续了四年，最终也导致蒙古汗国的彻底分裂。在兄弟两人的争夺战中，钦察汗国、察合台汗国、窝阔台汗国都支持阿里不哥，唯有伊利汗国支持忽必烈。1264 年，阿里不哥失败，随即他被囚禁，两年后去世（一说被忽必烈毒死）。与此同时，钦察、窝阔台等各大汗国也纷纷独立，忽必烈只剩下了蒙古本部，这样蒙古汗国实际上就分崩离析了。尽管不可避免地引发了汗国分裂，但忽必烈的胜利仍具有重要的意义。正如邱树森所说：

> 忽必烈夺取汗位的胜利，从本质上来说是蒙古统治集团内部"汉法"派战胜了守旧派，这对于蒙古国最后完成封建化来说是有决定意义的。同时也说明了历史的规律是不可抗拒的，像阿里不哥那样坚持维护旧的统治方式，失败是注定的；而忽必烈能够顺应历史发展，适应汉族地区生产力发展的需要，采用原有的封建统治方式，因而在历史上做出了自己的贡献。[1]

实际上，在当时忽必烈获得的不仅是汗位继承的胜利，更是文化上的胜利，是中原先进的儒家文化战胜了蒙古部落固有的游牧文化。因为在争夺汗位的过程中，忽必烈充分利用了当时中原社会精英阶层——儒士大

---

[1] 邱树森：《中国历史大讲堂　元朝史话》，北京：中国国际广播出版社，2007年版，第53页。

夫们在传统权力斗争中所表现出来的智慧，为他的胜出打下了坚实的根基。

综观蒙古汗国的权力继承状况，统治阶层始终没有形成有效的汗位继承规则，也没有推行中原文化中非常成熟的嫡长子继承制度，以至于成吉思汗去世后，围绕着汗位继承，权力斗争此起彼伏，极大地削弱了蒙古汗国的统治，并最终导致蒙古汗国的瓦解。换言之，汗位继承权之争，也是导致蒙古汗国直接崩溃的一个原因。如有学者所言：

> 汗位继承纷争，是蒙古统治集团内部斗争的最集中体现。这种纷争在成吉思汗生前即已初见端倪，以后则愈演愈烈，并最终造成了大蒙古国的分崩离析。[1]

事实上，蒙古汗国的这种汗位继承问题没有得到有效解决，既是固守传统的一种体现，也是强调军事征伐的必然结果。

---

[1] 刘晓：《元史研究》，福州：福建人民出版社，2006 年版，第 59 页。

蒙古汗国瓦解之后，忽必烈开始将首都定在了大都，很快统一了南宋，并于1271年改国号为元，真正建立起一个类似中原王朝的大一统国家。忽必烈建立元朝之后，鉴于蒙古汗国时期权力更迭的混乱状况，本来计划采用中原汉族王朝的嫡长子继承制。但是，长子真金的去世打乱了计划，嫡长子继承制度最终没有建立起来。由于忽必烈的后继者及其子孙们缺乏应有的权威及智慧，自然也没能建立起有效的皇位继承制度。元朝最终也因皇位争夺战的巨大损耗而陷入衰亡之中。

所以，在忽必烈之后，皇位的继承也都没有按照正常的制度进行，每次的皇位更迭都面临着激烈的政治斗争，甚至出现了兄弟相残、骨肉相杀的残忍局面。在1308年到1333年这短短25年的时间里，元朝先后有武宗、仁宗、英宗、泰定帝、天顺帝、文宗、明宗、宁宗、顺帝等九位皇帝上台，这期间就争夺皇权而内斗不断，由此可见当时权力斗争之激烈。对此，正如邱树森所评价的：

　　元代宫廷内部围绕皇位继承问题展开的斗

争，是元代政治史上十分突出的问题。从 1307 年元成宗去世，到 1333 年元顺帝即位，短短 24 年间，9 个皇帝的即位几乎都充满着激烈的斗争。皇位继承问题成了统治集团之间明争暗斗、施展阴谋、权臣擅权的一种契机，也是元代政治腐败的重要表现。[1]

元朝时期延续了蒙古汗国时期的皇位继承制度，但由于缺乏明确而清晰的规定，导致在皇位传承方面出现了明争暗斗、施展阴谋乃至刀光剑影的局面。这种权力更迭不仅极大地消耗了蒙元政治资源，更是加速了蒙元王朝的衰微。

纵观全球历史，当时的罗马帝国、亚历山大帝国等也都出现过类似的混乱局面。比如西方最为强盛的罗马帝国在王位继承方面也没有严格的制度规定。一些与皇帝没有血缘关系的人，比如养子，甚至是皇帝信任的朋友也都继承了王位，从而使帝国始终处于不稳定的状态之中。亚历山大帝国也是如此。超

---

[1] 邱树森：《妥懽贴睦尔传》，长春：吉林教育出版社，1991 年版，第 3 页。

级帝国建立之后，亚历山大没有及时确立合理的接班人制度，以至于他一死部将就发起了王位争夺战，导致这个空前强大的帝国也迅速瓦解。

实际上，就中国古代的皇位更迭来说，元朝的这种皇位之争，在其他朝代也频频发生，比如与蒙元王朝相似的秦朝、隋朝便是如此。由于没有处理好皇位继承问题，以至于兄弟相残，秦朝、隋朝最终瓦解。之后的汉朝、唐朝纷纷吸收了经验教训，尽管也出现过皇位继承问题，但都严格遵循嫡长子继承制度。其他统治中原时间比较长的王朝，如宋、明、清也都有比较合理的王位继承制度。其中，清朝作为与元朝一样的少数民族政权，尤其注重以史为鉴，竭力规避以往出现的皇位继承问题，所以有清一代就先后出现了汗位推选制、嫡长子继承制、秘密建储制和懿旨确立嗣君制等四种不同的皇位继承形式。整体上来看，清朝实施得比较顺利，这也为清朝统治中国长达近300年提供了重要的制度保障。

总的来说，蒙元时期的汗位、皇位继承问题始终没有得到妥善解决，这一方面受制于传统习俗的影响，另一方面也因无法照搬中原的嫡长子继承制。持续不断的皇位争夺战导致最高权力阶层秩序紊乱，进而影响到了整个王朝的发展与稳定。对此，正如有的学者所言：

> 综观蒙古国时期的蒙古宫廷，一个突出的特点就是几乎每一次汗位的更替都伴随着激烈的宫廷斗争，究其原因，蒙古忽里台选汗制度、成吉思汗黄金家族的共权原则以及分封制是最根本的因素。[1]

也正是这种权力争夺所引发的内耗，直接导致了蒙元王朝的衰亡、瓦解。相比较而言，中原王朝则在长期的政治实践中，基本上贯彻了嫡长子继承制度，进而保证了王朝最高权力更迭的有序进行，自然也为王朝的统治与发展提供了重要的前提。

## （二）四等人制与蒙汉二元对立

忽必烈建立元朝之后，政治重心开始从漠北草原

---

[1] 薛磊:《元代宫廷史》，天津：百花文艺出版社，2008年版，第46页。

转向中原汉地。统治阶层已经不可能按照旧的方法统治各地了，毕竟所要面对的是广袤且人口众多的中原汉族地区。在这种情况下，忽必烈一方面有意识地接受汉化、推行汉法，另一方面通过推行以汉制汉的策略，对人口众多的汉人加以防范，从而极力捍卫蒙古族的统治地位。

按照地区及民族被征服的顺序，对民族进行区分，实行"四等人制"。一等人自然是蒙古人，包括蒙古各部，将他们作为一等人其实也是为了保护蒙古统治阶层的既得利益；二等人是色目人，包括中亚、西域人，西夏回回等；三等人是汉人，这里的汉人特指金朝统治下的汉人，以及契丹、女真人；四等人是南人，指南宋统治下的汉族及西南地区的少数民族。

四等人中，第一等是至高无上的蒙古人；第二等是色目人，因为色目人（即回回人）在蒙古征伐天下的时候出过力，而且又善于经商，在中西交通与商业贸易中扮演着重要角色，所以得到了元朝统治者的高度重视。这一点正如干明荪先生所言：

　　草原时代蒙古发展的重心是以本土而向西，

故而大量的西域人（广义的西域人包括今新疆、中亚、西亚，以至于南俄、东欧等地民族，也包括了西夏与康藏等地的吐蕃）参加了帝国之内，他们在元初的九十年（一二〇六至一二九四）间，在政治上占有很大的势力，汉人（包括契丹、女真、渤海、华北与南宋的汉人等）虽渐受重视，但得势者少，且时间不长。[1]

色目人之所以成为蒙古汗国的贵族阶层，不但因为其在蒙古早期西扩的过程中成为最早的同盟者，更因为其与蒙古人同属一个文化圈，都属于北亚文化体系。元朝统治者把色目人列在仅次于蒙古人的地位，并允许他们在很多方面享有汉人所不具有的特权。由于四等人制中第三等、第四等的主体为汉人，这样一来，蒙古人、色目人整体上就属于一类，而汉人、南人则属于另一类。四个等级实际上就演化成蒙汉两个族群之间的对立。这种对立其实也是蒙元时期社会政治、制度文化等二元性的一个基本表现。

---

[1] 王明荪:《元代的士人与政治》，台北：台湾学生书局，1992年版，第51页。

在蒙汉对立的情形下，处处都以蒙古人所代表的游牧民族利益为先，而汉人则处于被控制、制服的状态。比如在政治权力的分配上，从中央到地方的各级官署的实权多由蒙古人、色目人把持，汉人一般只能担任副职。元朝当时的中央机构主要有中书省、枢密院、御史台。这三大部门的正职，除了非常特殊的情况之外，绝对不让汉人担任。至于各个地方行省，情况更是如此。即使是路、府、州、县掌握实权的长官达鲁花赤，按照规定也都由蒙古人或色目人担任。

元朝时期的人才选拔制度也体现了这种二元思维。朝廷当时推行中原的科举取士制度。元廷为了保障蒙古人的利益，在对待蒙古人、汉人方面，差别非常大：他们不用一张考卷；在考试内容上，蒙古人、色目人的非常简单，而汉人的就非常难；录取率上，蒙古人比汉人高很多。

蒙汉在法律地位上也极为不平等，比如：按照元朝法律规定，如果汉人打死蒙古人，就需要偿命；而蒙古人打死汉人，则只需交点烧埋银就可以了。元朝法律还严禁汉人、南人携带弓箭等兵器，禁止汉人、南人蓄养猎鹰、狗等，甚至禁止汉人、南人聚众祭祀、演戏等，而对于蒙古人、色目人则不加限制。

我们不能否认，四等人制体现了元朝统治者在治国理政方面的成熟。毕竟它帮助维护了蒙古人、色目人的既得利益，而且它的出现，也与元朝当时疆域辽阔、社会结构复杂有直接的关系。元朝虽然入主中原，但是草原上还住着蒙古的黄金家族，为了兼顾蒙古、汉地两部分的利益，只能采取南北不同的制度。即使忽必烈后来将国号改为"大元"——看起来是中原王朝的汉语国号，但是各种场合依然保留了原来"大蒙古国"的蒙古语国号。蒙汉两种国号的并存，两种语言的并行，其实也是两种文化、两种文明的并存。不仅如此，元朝皇帝即位，也需要按照汉法与蒙古习俗分两次进行。这就是在向国民表明：元朝皇帝不仅是中原汉人的皇帝，同时也是蒙古民众的大汗。这种蒙汉两种文化、两种文明体系并存的状态，一直持续到元朝结束。

蒙古贵族所推行的这种二元统治模式，实际上造成了蒙汉之间观念的对立。不过，这既与元朝政治重心转向中原有直接的关系，也与忽必烈与阿里不哥争夺汗位时所出现的不同治国观念脱不开干系。换言之，忽必烈与阿里不哥的汗位之争，实际上就是蒙汉两种观念之争。对此，正如姚大力先生所言：

> 忽必烈与阿里不哥的争位战争对蒙元历史的意义，远远超出了到底由谁来继承大汗宝座这个问题本身。一方面，忽必烈依靠汉地资源战胜阿里不哥，为蒙古贵族中主张变通祖制来解决"汉地不治"的一派把统治重心从碛北移至漠南，从而更加便利于他们采纳汉法，建立对中原的秩序化统治，提供了一次恰逢其时的契机。另一方面，蒙古统治重心的南移，必然地给予大蒙古国的政治地理结构以重大影响。如果说一个立国于蒙古高原的王朝有可能同时控制中原汉地和西域诸地，那么立国于中原的政权要同时有效地控制蒙古高原和西域就会经常显得力不从心。蒙古高原是黄金氏族的"祖宗根本之地"。为了确保蒙古本部，蒙元政府不得不逐步放弃对大蒙古国建立在西域的两大行政区的直接统治。[1]

---

[1] 姚大力:《元朝风云》，长春：长春出版社，2007年版，第12页。

忽必烈与阿里不哥之争，实际上就是两位汗位继承人在蒙汉两种观念之间的一种争夺。这一方面关系到当时的政治重心问题，另一方面更是关系到蒙古汗国未来的治国理念问题。国家社会结构的演变决定了在蒙古汗国向元朝转变的过程中，忽必烈及其后代统治者必须在蒙古人、色目人、汉人之间保持适当的张力，并建立兼顾各方利益的制度与机制。不幸的是，元朝统治者始终而且过于坚持蒙古人利益至上的理念，以至于他们在统治汉人占大多数的元朝时，经常采取蒙古落后的等级理念，极力压制、奴役中原汉人，导致蒙汉之间始终处于一种紧张的状态。一旦有元朝皇帝损害蒙古贵族的利益，便会出现严重的政治内耗。比如元英宗任用了大批的汉族官僚士大夫，并裁撤了很多蒙古色目人官员，导致被损害利益的贵族刺杀了元英宗与丞相拜住，史称"南坡之变"，此后元朝由盛转衰。

蒙元时期的二元对立格局，在某种意义上来说，就是资源与利益分配不均所造成的。它对于蒙古人的政治统治来说无疑是不利的，因为会导致失去民心，也就会失去国之根本。后来，清朝吸取了这个经验教训，极力在满汉之间保持一种权益上的张力。他们保留了满族的一些制度、习俗，以保证满族的利益优先。比如清朝的制度中，旗人是优等人种，而汉人被视为二等臣民，在各个方面都受到不公平的待遇，受尽了清朝贵族的歧视。与此同时，他们也处处宣扬满汉一家，并借助文化等逐渐消除了满汉之间的对立。

## （三）宗教信仰自由与汉化的失败

蒙古汗国建立之前，蒙古草原上已存在着各种宗教文化，而蒙古族主要信奉萨满教，还有一部分信仰景教（基督教的一支）。随着成吉思汗建立大蒙古国，人们开始接触到佛教、道教、伊斯兰教、儒学等多种宗教文化。为了获得不同地域有着不同宗教信仰的人们的政治认同，蒙古统治者采取了兼收并蓄的态度。毕竟蒙古汗国疆域辽阔，要想有效管控中亚、西亚与欧洲等地，成吉思汗就必须承认所征服国家的人享有宗教信仰自由。目的就是要减少这些国家的反抗，让他们服从蒙古汗国的统治。成吉思汗所确立的宗教信仰自由政策，也被后来所沿用。

　　窝阔台继承汗位之后，对所征服国家同样采取宗教信仰自由政策。由于在窝阔台汗时期，他们已经占领了西夏、金，而这两个王朝地处中原，并且将儒学作为官方意识形态，所以窝阔台为了巩固统治，对这两个王朝，尤其是对金朝所统治的在当时被称为"汉地"的地方的儒学传播也持肯定的态度。毕竟，"汉地"文化的主导是儒学。不仅如此，窝阔台汗还听从金儒耶律楚材的建议，在汗国内推行儒学，目的就是想强化权力。比如在窝阔台汗登基大典上，耶律楚材说服当时的蒙古贵族按照儒家传统，对窝阔台汗行跪拜之礼。这种做法让窝阔台汗切实地感受到了大汗的威严与权力。从此以后，君臣朝拜的礼仪就在蒙古汗国推广开来。

　　此外，窝阔台汗还在耶律楚材的推动下，封孔子的第五十一世孙孔元措为衍圣公。汗廷还在汗国内建立了一些儒学机构，让儒生们传播儒学。更为主要的是，通过科举考试的举办，一次性选拔了4000多名儒生进入统治阶层。这样一来，儒学的地位迅速提升，摆脱了边缘化的状态。儒生自然也获得了与当时佛教徒与道教徒相同的社会地位。值得注意的是，当时的理学家杨惟中在中都（今北京）建立了太极书院，聘请赵复等人传播程朱理学，理学由此开始在北方广泛传播，改变了以往只在长江以南流行的历史。当然，窝阔台汗、耶律楚材在极力推行儒学的同时，也损害了一些蒙古人、色目人的既得利益，导致他们公开抵制，反对儒学与汉化。加上窝阔台晚年不理朝政，沉溺于享乐，耶律楚材基本停止了对儒学的传播活动。而与此同时，中亚、西亚及欧洲的伊斯兰教、基督教则开始在汗国内大肆流行，儒学又回到了边缘化的状态。这种边缘化的状态一直到忽必烈时期才有所改变。

忽必烈做了大汗之后，继续推行成吉思汗所确定的多元宗教文化并存政策，不过在统治早期他更倾向于推广儒学。忽必烈为什么重视儒学？因为他自幼受母亲的影响，对儒学、汉法颇为了解。他在年轻的时候就经常约见汉儒，并向他们请教治国安邦的道理。正因为如此，蒙哥汗即位之初（1251）便命他"领治蒙古、汉地民户"[1]，即让忽必烈管理金、西夏的领地。

---

[1] 〔明〕宋濂等：《元史》卷3《宪宗三》，北京：中华书局，1976年版，第44页。

蒙哥汗的这一决定不仅"改变了忽必烈的命运，也改变了蒙古族乃至中国历史的进程"[1]，更是为儒学在北方地区的传播提供了历史契机。

忽必烈到了北方汉地之后，就开始广招汉儒，并借他们来治国理政。可以说，正是依靠这些儒士的出谋划策，他才快速发展了北方汉地。与此同时，也正是由于对儒学的重视，他才赢得了北方汉地儒士大夫们的拥护。到了后来与阿里不哥争夺汗位，他在汉儒们的帮助下，打败阿里不哥，最终获得最高权力。[2]

忽必烈在身为蒙古大汗的 11 年（1260—1271）间，始终重视儒学，对儒士大夫以礼相待，还经常邀请大儒讲解治国安邦之道。如《元史·王鹗传》记载：

> 冬，世祖在藩邸，访求遗逸之士，遣使聘鹗。及至，使者数辈迎劳，召对。进讲《孝经》、《书》、

---

[1] 朱耀廷、赵连稳：《元世祖忽必烈传》，北京：北京大学出版社，2009 年版，第 31 页。

[2] 孟繁清：《试论忽必烈与阿里不哥之争》，载元史研究会编《元史论丛》第 2 辑，北京：中华书局，1983 年版，第 172 页。又参见张本一：《从忽必烈对儒人儒学的态度看元初杂剧中的士人形象》，载《信阳师范学院学报（哲学社会科学版）》2000 年第 1 期。

《易》及齐家治国之道，古今事物之变，每夜分乃
罢。世祖曰："我虽未能即行汝言，安知异日不能
行之耶？"岁余乞还，赐以马，仍命近侍阔阔、
柴祯等五人从之学。[1]

忽必烈不但自己亲自听汉儒讲解儒家经典《孝经》《尚
书》《周易》及修齐治平之道，同时还命令群臣接受儒
臣的学术传授。忽必烈当时所用的赵璧、廉希贤、张
文谦、王文统等汉儒，个个位高权重。为了表示对
儒士的重视，他还改进"儒户"政策[2]，优待各地儒士。
他命各地积极培养儒学人才，以备治国需要。如中
统二年（1261）下诏，命诸路学校"凡诸生进修者，
仍选高业儒生教授，严加训诲，务要成材，以备他
日选擢之用"[3]。

[1] 〔明〕宋濂等：《元史》卷 160《王鹗传》，北京：中华书局，1976
年版，第 3756 页。

[2] 关于"儒户"的阐述，参见萧启庆：《元代的儒户：儒士地位演进史
上的一章》，载《内北国而外中国：蒙元史研究》，北京：中华书局，
2007 年版，第 388—414 页。

[3] 〔元〕王恽：《中堂事记》，载顾宏义编《金元日记丛编》，上海：上海
书店出版社，2013 年版，第 137 页。

忽必烈重视儒学，并将儒学贯彻到了各种政治行动中。他甚至在至元八年（1271）颁布了《建国号诏》，将国号定为"大元"。改国号乃是"取《易经》乾元之义"。他用儒家经典改造国号，标志着政权性质的转向："元朝的建立，标志着蒙古政权已从一个地区性政权转变为采用汉族传统封建统治方式的全国性封建政权，标志着蒙汉各族地主阶级的联合专政最后确立。"[1]不仅如此，他还在儒生的辅助下，建立了一套与中原王朝相同的礼仪制度。比如在元大都建立了太庙，用来祭祀祖先。元大都的宫廷建筑也折射了儒家思想。刘秉忠作为总规划者，按照《周礼·考工记》中的都城规划思想进行设计。整个元大都的城市布局以皇帝所在皇宫为中心，"中轴布局，左右对称"，由此形成了世界上最长、最伟大的中轴线之一，充分体现了元大都尤其是皇宫在全国"中"与"正"的尊贵位置。当然，这些宫廷建筑也保留了蒙古人的传统风俗，充分体现了蒙汉并存的特征。

然而，对儒学的高度重视并不代表忽必烈就完全

---

[1] 邱树森：《中国历史大讲堂　元朝史话》，北京：中国国际广播出版社，2007 年版，第 54 页。

认同或者倒向了以儒学为核心的中华文化。毕竟他所统治的元朝，依然被视为蒙古汗国的宗主国。为了赢得其他汗国的尊重与服从，他就必须在汉文化与蒙古固有的游牧文化之间保持一个张力，否则他作为大汗的权威就会受到影响。这一点正如德国学者所言：

> 忽必烈需要被承认为中国的君主，但他同时还必须表明自己是蒙古人的大汗以及蒙古统治下的非汉人疆域的统治者。过分强调汉人的特点会减损他作为辽阔蒙古疆域的统治者的形象。忽必烈不能让人觉得他认为汉族文明比自己民族的文明更有吸引力，并且必须避免被中国文化所吞没。最终他制定了用来保护蒙古特性和内部统一的政策。[1]

元朝统治者和整个蒙古汗国统治者的双重身份，促使忽必烈必须采取一种折中的做法：既要积极推崇儒学、汉化，赢得中原社会精英阶层——儒士大夫们的认同

[1] 〔德〕傅海波、〔英〕崔瑞德编，史卫民等译：《剑桥中国辽西夏金元史》，北京：中国社会科学出版社，1998年版，第542页。

与拥护，又要积极维护蒙古人、色目人等其他族群的利益。只有这样，他才算合格。

总之，在儒生们的帮助下，忽必烈不仅夺得了大汗的位置，还建立了一套类似中原王朝的管理体系。不过，他始终没有完全倒向汉族文化，更没有积极主动汉化。在汉化方面，他本来就不大坚定，而汉人李璮的叛乱（1262），则使他彻底改变了以往对儒学、儒生的崇信。此后，他开始转向萨满教、伊斯兰教。征服吐蕃、大理后，又极力推崇藏传佛教，并封八思巴为国师，立藏传佛教为国教，连他本人及后妃等也都皈依了佛教。元朝"百年之间，朝廷所以敬礼而尊信之者，无所不用其至。虽帝后妃主，皆因受戒而为之膜拜"[1]。

在忽必烈的推动下，元大都内寺庙林立[2]，佛教因此成为最为盛行的宗教文化。如有学者研究所说：

---

[1] 〔明〕宋濂等:《元史》卷202《释老》，北京：中华书局，1976年版，第4520页。

[2] 参见姜立勋、富丽、罗志发:《北京的宗教》，天津：天津古籍出版社，1995年版，第100页。

综观有元一代，佛教的发展，继唐之后，再度中兴，而大都地区佛教的发展超过了以往任何时期，呈现十分兴盛繁荣的局面，其中藏传佛教在大都地区的广泛传播，带来了藏传佛教新的思想理论和各种艺术形式，极大地丰富了大都地区佛教文化的内涵，同时也促进了汉藏佛教文化的交流与融合。[1]

随着佛教在蒙元境内的广泛传播，很多寺院也日渐成为控制、剥削劳动人民的场所。它们不仅有大量的田产、佃户，有的寺院还出租土地、经营商业、发放高利贷等，给当时的劳动人民带来了巨大的经济负担。可以说，它们"剥削和掠夺的残酷程度，往往超过了世俗地主"[2]。

实际上，忽必烈作为大元的建立者，无论是推崇儒学，还是推崇萨满教、伊斯兰教、佛教，都可以看

---

[1] 参见佟洵:《佛教在元大都传布的历史考察》，载《北京联合大学学报（人文社会科学版）》2009 年第 3 期，第 87 页。

[2] 陈高华:《元史研究论稿》，北京：中华书局，1991 年版，第 378 页。

成是对成吉思汗宗教信仰自由、务实宗教政策的延续。毕竟在整个元朝境内，这几种宗教文化都有人信仰，也都有生存空间，只不过统治阶级为了强化统治，让它们互相制衡罢了。具有讽刺意味的是，元朝统治者允许各种宗教尤其是佛教在国内传播，利用佛教来控制老百姓，反过来到了元朝末年，农民起义军也利用白莲教、弥勒教来反抗官府。白莲教、弥勒教都是佛教的一种形式，它们被民众利用，成为农民起义军的精神支柱，最终协助瓦解了元朝的统治。

忽必烈对意识形态建设尤其是汉化的不坚定，导致后来的皇帝们也没有十分推崇儒学，而是将儒学当作一种统治工具。即使元仁宗时期将程朱理学作为科举考试的必考内容，统治者也是基于四等人制，实行蒙汉分立的双轨制。就是说，在考试的时候，蒙古人、色目人是一榜，汉人、南人是一榜。蒙古人、色目人的试卷比汉人的简单，而且蒙古人、色目人的及第率也要比汉人的高。蒙元时期人们不仅积极学习中原的优秀文化，还将蒙古草原甚至伊斯兰、西域等地的习俗与文化传播到了中原。根据史书记载：

> 宋室徙跸，西域夷人安插中原者多从驾而南。元时内附者又往往编管江浙、闽广之间，而杭州尤伙，号色目种，隆准深眸，不啖豕肉，婚姻丧葬，不与中国相通。[1]

当时蒙古、色目等少数民族来到江浙、福建、两广一带，并将他们的文化、习俗带到了当地，不仅改变了当地的人种，还改变了当时的婚姻、丧葬等习俗。《明实录》也记载了这些少数民族风俗在中原传播的史实：

> 悉以胡俗变易中国之制，士庶咸辫发椎髻，深襜胡俗。衣服则为袴褶窄袖及辫线腰褶，妇女衣窄袖短衣，下服裙裳，无复中国衣冠之旧。甚者易其姓氏，为胡名，习胡语，俗化既久，恬不知怪。[2]

---

[1] 〔明〕吴之鲸：《武林梵志》卷1《城内梵刹》，影印文渊阁四库全书本，台北：台湾商务印书馆，1986年版，第19页。

[2] 《明太祖实录》卷30，洪武元年二月壬子，台北："中研院"历史语言研究所，1962年版，第525页。

随着蒙古草原及西域的胡俗、胡姓、胡服、胡语遍及江南，欧洲的伊斯兰教、天主教、基督教也都开始在江南盛行。[1] 这些文化、习俗在江南的广泛传播，不仅改变了当地人的宗教信仰，也对中原长期以来所积淀的儒家礼乐文明产生了极大的冲击。人们所秉承的人伦道德、纲常礼乐等观念在一定程度上有所消解，导致中央对地方的控制大大减弱。

可以说，蒙元统治者在整个意识形态领域推行的都是蒙汉二元并存的模式。即使是影响整个王朝运行的政治文化制度领域，也概莫能外。正如有的学者所总结的：

> 元代的政治文化制度基本上是蒙古法与汉法并存，而蒙古法又居于核心位置，亦即内蒙外汉。以元代宫廷为例，蒙古游牧官和为皇室贵族服务的特设官署占据着中央官制的内核部分，即便是汉地式官署中书省、枢密院、御史台等，也渗透

---

[1] 参见韩志远：《论元代闽南多元文化的形成与发展》，载《闽都文化研究》2004年第1期，第397页。

了相当多的蒙古因素。而元代军队中处于核心地位的依然是负责宫廷宿卫的万人怯薛，并且怯薛近侍参与中央决策，这些都是蒙古旧制的体现。又如元朝皇帝在大都、上都建立了汉地式的宫殿，但都城之内仍保留蒙古帐殿。这种内蒙外汉的政治文化制度犹如一把双刃剑，既有利于多元文明的共存和繁荣发展，也使得蒙古民族不致被人数众多的汉族迅速同化，同时又带来了种种弊端，诸如滥赐、冗官、贪污、民族矛盾等。[1]

的确，蒙元时期最为核心的制度规范及行政处所，都充分体现了蒙汉二元对立的运行模式。这种运行模式导致蒙元的汉化非常滞后，既无法满足被统治的绝大多数汉人的利益诉求，又无法在政治治理、经济发展、对外关系等领域发挥应有的作用。此外，也正是这种蒙汉混杂或曰内蒙外汉的二元并存模式，使得蒙元王朝处于政治紊乱、经济发展缓慢、民族矛盾激化等不稳定的状态之中，为其的迅速衰亡种下了祸根。

---

[1] 薛磊：《元代宫廷史》，天津：百花文艺出版社，2008年版，前言，第3页。

总而言之，蒙元时期尤其是元朝统治中原之后，无论是在政治、经济、军事建设上，还是在教育文化、移风易俗上，统治阶层都始终没有摆脱兼顾蒙汉利益的同时突出强调蒙古人、色目人利益的本位治国理念。诚然，推行汉法与蒙古旧制本身存在着利益之争，如邱树森所说：

> 自从忽必烈建立元朝，推行"汉法"以来，蒙古贵族内部的保守势力总是千方百计要加以阻挠和破坏。但是，推行"汉法"以适应中原地区固有的政治、经济、文化的发展水平，这是不可抗拒的客观需要。因此，主张行汉法的势力与保守势力之间的矛盾总是时暗时明地进行着斗争。[1]

正是现实的利益之争导致蒙古贵族在治国理政方面，形成了蒙汉并立的双重思维。在他们的统治下，蒙元的社会、文化始终处于二元对立的状态之中。可以说，正是由于蒙古统治阶层固守自身利益及本位思

---

[1] 邱树森：《中国历史大讲堂　元朝史话》，北京：中国国际广播出版社，2007年版，第71—72页。

想，才最终导致了蒙汉两大族群之间的对立与矛盾。蒙汉的二元对立不仅迟滞了元朝的汉化，更是弱化了整个社会的凝聚力。

## （四）天灾人祸与落后的治理

蒙元时期，天灾人祸加速了整个王朝的衰亡过程。[1] 蒙古汗国时期的自然灾害就非常严重。蒙古灭金之后，金朝旧地"汉地"灾荒连年不断，蝗灾频繁出现，根据史书记载："戊戌，……秋七月，大蝗，居人之乏食者十八九"[2]，"戊戌飞蝗为菑（古同'灾'），赵境民大饥"[3]。贵由汗去世的 1248 年，根据《元史》的记载："是岁大旱，河水尽涸，野草自焚，牛马十死八九，人不聊生。"[4]

---

[1] 对于元代的自然灾害，陈高华曾专门做了梳理与分析，可参考陈高华：《元朝史事新证》，兰州：兰州大学出版社，2010 年版，第 52—77 页。

[2] 张文谦：《刘文贞公行状》，载《全元文》第 22 卷，南京：江苏古籍出版社，2001 年版，第 282 页。

[3] 李谦：《王公夫人李氏墓铭》，载沈涛《常山贞石志》卷 16，清道光二十二年（1842）刊本，第 1182 页。

[4] 〔明〕宋濂等：《元史》卷 2《定宗纪》，北京：中华书局，1976 年版，第 39 页。

元朝建立之后，自然灾害、饥荒瘟疫发生的频度之大、造成的受害面积之广更在中国历史上非常罕见。根据史书记载，元朝统治的将近百年时间里发生了513次自然灾害。忽必烈即位之初也面临着严重的自然灾害。他曾在诏书中明言："百姓困于弊政久矣，今旱暵为灾，相继告病，朕甚悯焉。"[1]

就元大都发生的自然灾害来说，整个元朝97年间，共有52年发生了大小不等的水灾，23年发生了程度不同的旱灾，地震年份占到了18%。各地的灾害也是频繁出现。比如1301年，北方一直到长江流域的扬州、常州等地发生了蝗灾，河南大部分发生了旱灾，长江流域的荆州、扬州、高邮等地还发生了持续大暴雨。元仁宗时期，岭北遭遇了罕见的雪灾，人畜都被淹没，牧民中开始出现人吃人的现象，在通往旧都和林的路上，到处都是死尸。

到了元朝后期，经常发生非常严重的水灾。根据史书记载，元顺帝元统元年（1333）、二年（1334），京畿、潮州、济宁、曹州、东平、山阳等地河水泛滥，

---

[1] 张大光：《救荒活民类要·经史良法》，"北图古籍珍本丛刊"影印明刻本，第84页。

大片农田与房屋被淹，百姓们无家可归，也没饭吃。

元顺帝至元三年（1337），绍兴、广西等地发大水。很多地方水深两丈有余，洪水淹没了大片的房屋，人们只能爬到树上休息，地方官与一些僧人也只能划着船给他们送点吃的，将一些老弱病残转移到城墙头上。这次大水，很多地方一个月后才消退。

元顺帝至正年间（1341—1368），全国各地的水灾、旱灾、风灾、地震、瘟疫持续不断，老百姓无以卫身。比如至正四年（1344），黄河流域连续下了20多天的暴雨，黄河泛滥，沿着黄河一带都遭受了水灾——房屋被淹，人们没有饭吃，就发生了人吃人的惨剧。即便如此，朝廷及当地政府也没有果断采取措施治理黄河，导致灾害的后果非常严重。同年，温州一带又发生了海啸，百姓被淹死的不计其数。

元朝后期，全国各地几乎年年都有蝗灾，从南到北，从东到西，各地只是受灾程度不同而已。粮食颗粒无收，老百姓为了生存，只好到处捕捉蝗虫，做成虫干来吃。蝗虫吃完之后，又出现了人吃人的局面。

灾害并非元朝独有，实际上，在整个14世纪的全世界范围内，各地都曾发生各种极端灾害。比如冰岛、英格兰、日本等地都出现了瘟疫、农业减产与人口下降。不过元朝是当时受灾最严重的，整个元朝尤其是后期，旱涝虫灾发生的次数超过了历史上任何一个朝代。虽然自然灾害的确加速了蒙元的衰亡，但是人祸才是造成它灭亡的主要原因。一方面，面对自然灾害，当时的朝廷与各地政府，不但没有及时救灾，反而借着灾荒，哄抬粮价、摊派赋税。另一方面，元朝末年政治非常腐败，朝廷用度与军费开支巨大，财政入不敷出，统治阶层只好滥发纸币来加以弥补，导致物价飞涨，人们甚至将滥发的纸币比作泛滥的黄河水。

就发行纸币来说，元朝始终缺乏合理的规划。元朝建立之后，忽必烈下令将纸币当作流通货币。朝廷大把大把地赏赐，也大把大把地花钱，花完了就印，从而造成了通货膨胀。不仅如此，他们还不断地变化纸币政策，将滥发纸币作为聚敛钱财、搜刮财富的重要手段。即使是在和平年代，他们也将滥发的纸币作为军费、日常开支的重要来源。蒙元的财政由此崩溃，陷入瘫痪。此外，滥发纸币对百姓祸害深重，直接引发了元末的农民起义。正如李治安先生所言：

由于缺乏现代银行制度，由于元朝财政方面的其他弊病的混合作用，推行纸钞又容易带来财政方面的动荡。首先，元帝国在用兵、赏赐、佛事等方面耗费巨额资财，常常动用侵占白银钞本，自乱钞法。国家财政赤字偏人，不得不以多印纸钞和通货膨胀，来"饮鸩止渴"。再则，元代民间印刷技术长足进步，伪造钞票泛滥成灾，即使朝廷使用严刑酷法，也无法遏止。于是，元朝的纸钞变更过多次，结果是变钞越来越虚。变钞对于百姓生活的祸害和冲击最大。元末农民起义的两大直接导火索，其一是修黄河，其二为变钞。[1]

元朝是全世界第一个在全国范围内统一印刷并流通纸币的王朝。发行纸币在一定程度上省却了当时商贸方面的诸多不便，促进了元朝商贸的繁荣。然而，元朝在纸钞管理、流通等环节的诸多问题，直接导致了纸钞制度的瓦解，加速了王朝的衰亡。

---

[1] 李治安：《元史暨中古史论稿》，北京：人民出版社，2013年版，第227页。

此外，蒙元的腐败非常严重。据史书记载，到了元顺帝继位之前，各级官吏腐败到了极致。当时就有人说："数十年来，风俗大坏，居官者习于贪，无异盗贼，已不以为耻，人亦不以为怪，其间颇能自守者，千百不一二焉。"[1] 各级官吏，开口谈做官，闭口想金钱，张口谈利禄，做任何事都唯利是图。为了获得利禄，他们绞尽脑汁，不惜一切代价。一旦当官或者升了官，就变本加厉，肆无忌惮地贪污腐败，极力搜刮老百姓。

当时的军队也是如此。当军官的大部分是世袭的贵族子弟，他们克扣军粮，奴役士兵，抢劫百姓，整天就知道吃喝玩乐，以至于完全失去了战斗能力。对此，正如明人叶子奇在其《草木子》中所言：

> 元朝自平南宋之后，太平日久，民不知兵，将家之子，累世承袭，骄奢淫佚，自奉而已。至于武事，略之不讲，但以飞觞为飞炮，酒令为军令，

---

[1]〔元〕吴澄：《吴文正集》卷24《赠史敏中侍亲还家序》，清文渊阁四库全书本，第976页。

肉阵为军阵,讴歌为凯歌。兵政于是不修也久矣。[1]

这就说明元朝统一南宋之后，天下太平，军队也过起了"骄奢淫佚"的生活，以至于整日享乐而荒废了军务，导致战斗力急剧下降，风气也颇为颓废。

元顺帝即位之时（1333）只有 13 岁，因为年纪小，权力落到了伯颜手里。伯颜贪名好利，他本人的官衔就有 246 个字之多，天下的财富多半进了他的腰包。伯颜气焰熏天，以至于天下人只知道有伯颜而不知道有皇帝。总之，到了元朝末年，本来已经十分紧张的民族关系、阶级关系，因为官场的腐败而变得更加紧张，民族矛盾、阶级矛盾进一步激化，元朝统治的瓦解也大大提前。

我们在不否认蒙元统治中原尤其是元朝建立之后，当时社会经济有所发展的史实[2]的同时，也不能否认统一全国的过程所带来的破坏与灾难。除此之外，

---

[1]　〔明〕叶子奇:《草木子》卷 3 上《克谨篇》,北京:中华书局,1959年版,第 48 页。

[2]　邱树森在《中国历史大讲堂　元朝史话》一书中强调:"元朝的社会经济不是倒退了,而是发展了。"参见邱树森:《中国历史大讲堂　元朝史话》,北京:中国国际广播出版社,2007 年版,第 87 页。

我们还需要知道，蒙元时期落后的社会治理理念，不仅导致当时的社会经济发展水平较低，而且也加深了天灾对百姓生活的影响。面对天灾人祸，朝廷的财政与经济陷入崩溃，社会控制也逐渐弱化。在朝廷失去百姓拥护的情况下，人们纷纷起义。最终在各种力量的摧毁下，元朝灭亡。换言之，蒙元虽然在后期成为一个中原王朝，但统治阶层却依然秉承游牧民族落后的治理理念。这种落后的执政理念，非但难以适应中原先进的农耕文明需要，反而导致蒙汉的冲突与对立。此外，吏治腐败也加速了蒙元的衰亡。这对后来明清两朝的启示很大。比如朱元璋上台之后，就非常注重整治官场腐败。满族入主中原之后，不仅将治理黄河作为工作的重中之重，更是将吏治当成为政的关键所在。

## 小　结

　　蒙元统治阶层虽然在很多方面汲取了中原王朝的制度与思想，但并没有完全汉化。即使是在中原建立元朝的忽必烈也是如此。他在采用中原王朝制度的同时，也没有抛弃蒙古汗国时期的制度，而是采取二元并存的模式，达鲁花赤的设置、分封采邑制度和斡脱制度等的推行便是例子。元朝皇帝既是统治中国的皇帝，也是蒙古各部落的宗主。这种双重身份，决定了他们在制度与管理上必然采取二元并存的模式。

此外，蒙元时期在民族关系的处理上也出现了重大的问题：一方面，在政治高层，不同民族背景的官员始终没有得到很好的任用，尤其是李璮之乱以后，汉族官僚便遭到了压制；另一方面，在民间，不同民族在利益上始终不平等，民族的融合与发展阻力重重。总体而言，蒙元时期的治国理政，虽然重视汉法，但始终没有将汉法作为基本的治国理念加以施行，以至于蒙元贵族在统治占人口绝大多数的汉人之际，得不到中原儒士大夫们的高度认同与真心拥护，在处理天灾人祸时也不能按照传统中原王朝以民为本的做法。蒙元时期尤其是元朝建立之后，国家的政治秩序始终处于紊乱状态，加速了王朝的衰亡与瓦解。当然，我们也不能忽视蒙元时期蒙古贵族阶层对汉法的重视。窝阔台汗、耶律楚材、忽必烈、真金等人对汉法的关注与实践，一方面极大地丰富了蒙古文明的内涵，另一方面更是为蒙元境内不同民族百姓的发展提供了助力。

蒙元时期尽管自然灾害频繁发生，但相比天灾，人祸的危害更为严重。在天灾与人祸的双重围剿之下，元末南北各地的农民起义不断，元朝危在旦夕。如有学者所言：

> 至正十八、九年的特大灾荒，造成"汉地"社会经济的全面崩溃，更使其落入摇摇欲坠的境地。朱元璋在南方兴起，举兵北伐，很快便攻下大都，完成朝代的更替。其中有政治、军事的原因，也有包括自然灾害在内的经济因素。[1]

尽管历史文献对元朝灾害的记载难免有不实和夸张之处，但是蒙元落后的社会治理确是造成社会混乱的根本原因。天灾并不可怕，而统治阶层对自身贪婪的放纵，则最终摧毁了这个超级王朝。进而言之，蒙元的衰亡也在于蒙古统治阶层落后的理念，尤其是秉承蒙

---

[1] 陈高华：《元朝史事新证》，兰州：兰州大学出版社，2010年版，第76页。

古本位主义思想，自然难以满足中原先进的农业文明的发展需要。中央与地方、上与下之间的矛盾冲突不断。这种冲突既可以说是政治冲突，也可以说是文化、文明的冲突。

# 五、如何评价蒙元王朝的历史地位及贡献？

　　蒙元作为世界历史上的超级强国，虽曾为人类文明的进步做出过贡献，但却一直被西方人妖魔化，没有得到客观的评价。即使是在明清时期，蒙元的地位与贡献也没有得到应有的肯定。相反，"崖山之后无中华"的思想却一直有广泛的影响。实际上，蒙元王朝不仅是中国历史上一个辉煌灿烂的王朝，更是推动中华民族繁荣富强的关键王朝。它不但在更广泛的空间内传播了中华文化，更是借助驿站、商贸等促进了不同文明形态的交流与融合，推动了人类文明的发展与进步。与此同时，我们也不能否认，蒙元王朝在对外扩张的过程中也摧毁了一些地方的固有文明，杀害了很多无辜的生命。

## （一）世界文明的祸与福？走出偏见

从很多历史文献的记载来看，蒙元似乎是当时世界文明的灾难，蒙古的西征也被视为洪水猛兽。研究者认为，在蒙古汗国扩张的过程中，无数的文明被彻底摧毁，无数的城池被夷为平地，无数的人口被残忍杀害。根据 R. J. Rummel 教授估计，在蒙古帝国的入侵下，约有 3000 万人被杀。总之，蒙古人所到就是一片生灵涂炭，当地的文明也会跟着倒退数百年。有人甚至认为，被蒙古人入侵过的地方，在以后的几百年里基本上都维持着比西方落后的状态，比如东欧、西亚、中亚。还有人认为，欧洲当时流行的黑死病就是由蒙古西征造成的。在他们看来，当时金帐汗国的军队在进攻黑海港口城市卡法（今乌克兰城市费奥多西亚）时，蒙古军队就趁机用抛石机将因鼠疫而死的人发射到城内，导致鼠疫在城内传播。后来，鼠疫又传播到欧洲，并于 1348—1349 年造成欧洲 2000 万人死亡。这就是令人闻风丧胆的"黑死病"。

综合以往历史文献的记载来看，蒙古西征的确给当时的中亚、西亚、欧洲带去了很多灾难。在那些反抗的城市，经常出现屠城的现象：不分老幼，一律被杀。窝阔台汗在攻打花剌子模的首都时，每到一处都会遭到激烈抵抗，以至于当时攻下任何一条街、任何一家都异常艰难。妇女儿童都参加了战斗。激战持续了9天。最后，守城的寡不敌众，只得投降。蒙古军队为了发泄愤怒，将城内的居民全部赶出城外。10万工匠被遣送到东方服劳役，其余工匠被分配到各个军队。除年轻妇女和儿童被作为奴隶之外，其余全被杀害。杀掠之后，又挖开河道，放水灌城，致使藏在城中的人也全被淹死。

当然，很多历史文献记载史实，也有危言耸听的倾向。有些则是道听途说，缺乏有力、确凿的历史根据。单就成吉思汗的地位与贡献，研究者们的看法就截然不同。正如有的学者所言：

> 对成吉思汗的历史地位与作用，中外学者评价历来褒贬不一，争议很大。不少学者称颂成吉思汗的英雄业绩与个人魅力，也有不少人把他看成是人类文明的破坏者与毁灭者，而且，不少评

价在某些国家、某些时期还掺和进政治因素，脱离了学术研究的正常轨道。[1]

实际上，随着认知的深入，越来越多的学者开始转变对成吉思汗及蒙元王朝的评价。他们转而从积极的角度来看待这些历史人物和现象。

我们究竟应该如何看待蒙元王朝的对外征伐呢？我们不能否认历史，但也没有必要讳言历史的真实。邱树森先生对蒙元所做的评价就值得我们借鉴：

成吉思汗及其继承者对亚欧各国的侵略，与蒙古灭畏兀儿、西辽、西夏、金和南宋是性质完全不同的两回事。前者是向国外发动的侵略战争，后者是国内民族战争。成吉思汗及其继承者在西征和东侵过程中，杀戮人民，掠民为奴，毁灭城镇，破坏农田，给中亚、西亚、东亚和欧洲不少国家的人民带来了巨大的灾难，造成这些地方的经济和文化的严重破坏，各国人民对他们表示憎恨，

---

[1] 刘晓：《元史研究》，福州：福建人民出版社，2006年版，第57—58页。

这是很自然的。虽然蒙古铁骑冲破了亚欧各国的此疆彼界，促进了东西交通的沟通和文化交流的繁荣，但这毕竟不是成吉思汗西征的历史功绩。

我们并不讳言西征给各国人民带来了战争的灾难，但是，无论当时和现在，包括蒙古人民在内的中国人民是没有责任的。事实上，蒙古人民、中国北方各族人民都是西征的受害者。[1]

蒙元王朝虽然在一系列的对外征伐中，打破了亚欧各国的界限，"促进了东西交通的沟通和文化交流的繁荣"，但这却不是蒙元统治者下令西征的初衷，而是西征间接引发的结果。无论是对外的侵略战争，还是对内的民族战争，它们其实都充满了暴力劫掠，都给被征伐地区的民众带来了极大的灾难。可以说，手无寸铁的民众是这些战争最大的受害者。正如邱树森所总结的：

成吉思汗及其继承者的西征和东侵，是在人

[1] 邱树森:《中国历史大讲堂　元朝史话》，北京：中国国际广播出版社，2007年版，第38页。

民群众无权的情况下进行的。中国各族人民虽然反对西征和东侵，但他们不是当权者，不是决定政策的人们，因此无法制止西征和东侵的进行。包括蒙古人民在内的中国各族人民和被侵略的亚欧各国人民一样，都是西征和东侵的受害者。[1]

蒙元时期的一系列远征虽给中亚乃至欧洲带来了一些灾难，但从当时的世界局势来看，蒙元王朝的建立无疑沟通了欧亚大陆，尤其是驿站的设立，极大地推动了中西文化与文明的交流。正如有的学者所总结的：

蒙古西征的确给中亚与西亚的人民带来了苦难，对当地的经济、文化与社会发展造成了消极影响。但疆域辽阔的蒙元帝国建立，打破各民族此疆彼界的限制，东西交通为之大开。

蒙元政府建立了历史上空前的遍布整个帝国的驿站系统，从中原到地中海之滨畅通无阻。而

---

[1] 邱树森：《中国历史大讲堂 元朝史话》，北京：中国国际广播出版社，2007年版，第39页。

宋代兴起的从福建经南海、印度直抵波斯湾的海路成为联系元朝与伊利汗国的主要交通线。中外交流进入了一个新的历史时期。中国四大发明中的火药与指南针都是在这一时代传到西亚，进而再传到欧洲的。中国的丝、茶、瓷器与钱币大量输往中国以外的地区，中国的医药学、历史学、绘画、审美观也传到西亚。而东地中海地区的医药、希腊科学的大地球形说，穆斯林世界的天文、历算、工程、医药、制酒与饮食也为中国人民所接受。[1]

中西文化、文明的交流因为蒙元的建立而开始，中华文化、文明的优秀成果也通过蒙元传到了欧洲。比如：中国的医术传到了波斯，唐代孙思邈的《千金要方》被翻译成了波斯文；中原的茶叶、面条传到了欧洲。闻名世界的中国几大发明，如造纸术、印刷术等传入欧洲之后，促进了欧洲文化的发展。欧洲人因此也开始走出神学的束缚，很快进入轰轰烈烈的文艺复兴时

---

[1] 刘迎胜：《蒙元史考论》，兰州：兰州大学出版社，2014年版，第629页。

期。指南针的传入，使得航海事业开始在欧洲兴起，出现了哥伦布等人的远航，继而发现新大陆，全球自此进入一个崭新的时代。

由此我们可以说，蒙元时期开启了人类文明的新篇章：不仅中西文化、文明实现了交流与共享，整个人类文明的进程也得以加速。对此，正如有的学者所总结的：

> 无可否认，辽阔的蒙元帝国是通过一连串的战争、杀戮而建立起来。但同时，蒙元帝国亦为世界作出了不可替代的贡献。蒙古大军开辟了由亚洲到欧洲的宽广道路，使无数的商人、工匠、科学家、学者和传教士往来大道之上，使东方与西方得以畅通无阻地进行经济、文化、科学的交流。
>
> 假如没有这条道路，意大利人马可·波罗（Marco Polo）就不会到达中国，也不会写出举世闻名的《东方见闻录》，把亚洲的文明，包括政治、经济、文化、物产、地理等详细地介绍到欧洲，那么，哥伦布（Colombo）就不会从这部不朽著作

中获得宝贵的启示，去完成发现美洲的伟大航行。

正是通过这条大道，中国的火药、指南针、造纸术和印刷术，才得以传播到欧洲，使之成为摧毁中世纪黑暗壁垒的强大武器，为欧洲近代文明的产生铺路。

也是沿着这条大道，伊斯兰的札马刺丁（Jamalal-Din）、以色列的爱薛（Ai-hsueh）等天文及历法专家东来中国，令元朝得以制订精确的《授时历》。

若单从中原和草原民族的关系来看，综观中国历史，东胡、匈奴、柔然、突厥、回纥等族，只能在辽阔遥远的北方草原建立游牧国家。即使能跨出草原，进入中原，如拓跋鲜卑建立的北魏，大约控制了中国的北部；契丹的辽、女真的金、党项的西夏，也只统治到华北和西北，他们的政权始终没有发展到全中国，只有蒙古族建立的元朝，是中国历史上第一个由北方游牧民族建立的全国性统一王朝。而元朝的疆域，是中国历代王朝中最大的，并为中国后来的版图奠定了基础。元朝统一中国后，打破了各民族政权之间的疆域界限，结束自唐末以来持续数百年的汉族与北方游牧民族对峙的分裂局面。随着在少数民族地区实行行省制、土司制及驿站的增多和屯田的兴起，各少数民族与中原的联系大为加强，少数民族之间的往来和交流也日益频繁。农业、牧业、工商业、渔猎业间的互相依存，促进了整个社会经济的发展和民族之间的团结，边疆地区也得以进一步开发和建设。

在东西方贸易额大增的情况下，许多具有高度艺术眼光的大商人产生了。他们根据贵族和皇帝的需求，引导着陶瓷、珠宝和金银加工业向更高的艺术境界前进，使中国的制瓷业、阿拉伯的金银加工业和南亚地区的宝石业蓬勃发展。中国的瓷器得以使用产自西亚的靛蓝来描绘碧蓝的花纹，这种典雅和秀美的青花瓷器，为陶瓷的世界注入了清新的空气。由此可知，蒙古族的统一、元朝及四大汗国辽阔疆域的形成，为中外交流的发达以及各民族的交融作出了巨大的贡献。[1]

---

[1] 王大方：《成吉思汗与蒙元王朝》，载《鄂尔多斯文化》2007年第1期，第26页。

蒙古汗国的出现，尽管造成了很多灾难与困苦，但也推动了整个人类文明的传承、交流与发展，消除了陆上甚至是海上经济文化交流的壁垒，此后东西方之间的交往开始变得非常频繁，彼此之间的距离也开始缩短。中西不同文化、文明互通有无，中国的火药、印刷术、驿站制度等传到了西方，而西方的药品、天文历法等也传到了中国。中西文化、文明之间的融通，加速了不同文明的发展进程。蒙元征伐欧亚大陆之际，很多国家依然处于分裂割据或者说是腐朽黑暗的统治之中，蒙元的出现无疑给这些国家的民众带来了希望，欧洲也因此开始浮现近代文明的曙光。一方面，火药、火器等传入欧洲之后，随着民众的觉醒，他们开始用这些武器推翻封建贵族的统治；另一方面，磁铁、罗盘技术的传入，为欧洲发现新大陆提供了必要的帮助。

对于整个中华文化、文明来说，横跨欧亚大陆的蒙元超级王朝的建立，推动了境内不同文化、文明的交流。忽必烈建立的大一统元朝在中国历史上的意义更是空前绝后。

首先，元朝的建立结束了唐代安史之乱所造成的之后数百年分裂割据的局面，为中华文化、文明的传承与发展提供了重要的保障。元朝统一南宋之后，元廷起初对南宋旧地的儒生并不信任，多用刀笔出身的小吏来处理政务。对南方儒士阶层的轻视与欺压，导致很多儒士因难以进入政治高层而做了地方上的学官。尽管这样不利于南方儒士才能的发挥，但对当时恢复、传承儒学与传统文化却有直接的促进作用。对此，正如有的学者所言：

> 　　元朝是中国历史上第一个由少数民族建立的全国性的统一政权，元朝的统一促进了中国统一多民族国家的发展。但就宋代形成的江南儒士集团来说，改朝换代给这个靠读书科举为官而崛起的阶层以沉重的打击，以往的社会地位、经济特权不复存在，科举制度的废除又使得他们入仕无门，因此，元朝江南儒士的处境非常困难。在不利的情况下，大部分儒士开始适应新的环境，重新选择生活道路，出仕、做学官成了多数儒士最后的归宿。于是，学官成了江南儒士在元朝的新的社会角色。这种新的社会角色的形成，是由元

朝政权对江南统治的特点决定的。蒙古统治者不信任南人，限制其进入中央和地方的决策机构，做学官是江南儒士不得已的选择。这既限制了江南儒士政治才能的发挥，也给元朝国家机器的正常运转带来不利的影响。但总的来看，元初江南儒士社会角色的转变，在当时仍然具有重要的历史意义，它不仅为元代儒学教育的恢复和发展创造了条件，保证了汉文化在元代的传承和发展，也有利于江南社会的稳定和经济文化的发展。[1]

元朝建立之初，的确对儒学不够重视，但元廷很快便调整了相关的文化政策，并通过科举制度的推行，促进了儒学、经学在全国尤其是北方地区的广泛传播。在南宋旧地，江南儒生也以学官的身份积极参与当地的文化建设与传播，"保证了汉文化在元代的传承和发展"。由此可以说，从中央到地方，虽然作为中华文化核心的儒学一开始受到了一定的冲击，但整体上并未中断，反而在更广阔的范围内得到了传承与发展。

---

[1] 申万里：《教育 士人 社会：元史新探》，北京：商务印书馆，2013年版，第234—235页。

　　其次，大一统元朝的建立，极大地推动了国内及周边不同民族不同文化、文明的联系与交流。很多少数民族的生产技术与文化艺术进入中原，丰富了中原地区的社会文化。与此同时，中原地区的很多先进技术、思想文化也传播到了当时的西域、东北、西南，甚至周边的朝鲜、日本、越南、缅甸等地，极大地推动了中华文化与文明在东亚地区的发展。比如伴随着蒙古军队对朝鲜的多次入侵，蒙元的兵制、驿站制度、程朱理学、科学技术等传到了朝鲜。中朝两国当时的商贸往来十分频繁，陆上的物资交流也非常兴旺。中日两国也是如此。日本商人经常到中国沿海做生意，而中国的海船也常常到达日本进行商贸活动。中国的佛教、程朱理学传到了日本，丰富了日本文化的内涵。此外，中国的典籍、科技文化等也较多地传到了越南。

　　最后，大一统元朝的建立，极大地加强了中西文化、文明的交流与共享。中国的商品与文化传到了欧、亚、非等的国家与地区。与此同时，西方的文化、文明也传到了中国。欧洲的旅行家开始来到中国，意大利旅行家马可·波罗便是其中的典型。此外，西方的香料传到了中国，西方的基督教、伊斯兰教也开始在中国境内广泛传播。这些都丰富了中华文化、文明的内涵。

蒙元时期，中华文化、文明虽然受到蒙古本位文化的冲击与影响，但是中原固有的文化与文明却得到了各民族的传承与发展。通过成吉思汗及其继承者的对外扩张，不同的文明板块实现了空前的大一统，新疆、吐蕃、云南、金、南宋、西辽、西夏等都进入蒙元的版图，唐末以来的分裂割据局面也得以结束，不仅为当时的经济与文化发展、民族交流、边疆开发以及后来明清甚至我们今天的版图奠定了重要的基础，也为当时中国与西方的文化交流、经济贸易的发展提供了极大的便利。换言之，蒙元的建立对中华文明的传承与发展起到了重要的推动作用。对此，有很多学者都做了这样的评价：

> 元朝的统一，结束了自唐末五代以来长达三百七十二年（907—1279）的分裂局面，建立了空前大一统的封建帝国。不仅疆域"北逾阴山，西极流沙，东尽辽左，南越海表"，超过汉、唐时期，而且大大加强了中央对地方的统辖，大大加强了

中原与边疆地区的紧密联系，从而为元朝以降我国统一局面的进一步巩固奠定了基础。

元朝的统一，为我国社会经济文化的整体性发展提供了条件，从而促进了国内各民族之间经济文化的交流和边疆地区的开发，促进了国内各民族自身的发展和相互之间的密切联系与融合，进一步促进了我国统一的多民族国家的巩固和发展。由于长期的战争和其他一些因素，元朝时期中原地区的社会经济恢复缓慢，发展也极不平衡。但总的来看，社会经济仍在继续发展，特别是有些经济部门和边疆地区、少数民族地区的社会经济发展更快，中外经济文化交流也大大加强。这些都是与元朝的统一局面分不开的。[1]

中华民族共同体的形成由来已久，但是真正起到推动作用的王朝无疑是蒙元：完成了自古以来东亚境内不同民族力量的整合，并以政治、经济、文化、地理等大一统的形式实现了不同民族之间的交流与合作。这

---

[1] 胡昭曦主编:《宋蒙（元）关系史》，成都：四川大学出版社，1992年版，第472—473页。

样一来，基于共同的儒家文化认同，不同族群之间的凝聚力进一步强化。此后的明清两朝进一步丰富完善这种民族共同体，为当前中华民族共同体的强盛奠定了不可撼动的根基。

此外，作为中华文明内核与主导思想文化学说的儒学，也得到了蒙元统治者的重视。元仁宗时期实行科举考试，考试必考程朱理学，这不仅使程朱理学、儒学在中国北方甚至是中亚、西亚、漠北广泛传播，也使儒学自孔子创建以来实现了最大范围的传播。蒙元时期的科技、数学、医学、经济等继续向前发展并领先于世界。比如：元朝科学家郭守敬制造了简仪、圭表、景符等天文仪器，极大地方便了天文观测；他还编制了《授时历》，推算一年为365.2425天，这是当时世界上最精确的天文数据。松江人黄道婆将从黎族那里学到的纺织技术做了些改进，并在家乡传授。松江乌泥泾镇由此成为全国有名的纺织重镇，当时的纺织技术也从整体上得到了提高。除此之外，蒙元时期的水利工程技术也对后世产生了直接的影响。比如元朝在以往的基础上，进一步疏通了大运河，极大地推动了南北交通与经济的发展。

总之，蒙元时期中西方的文化、文明实现了最大限度的交流。今天的丝绸之路，基本上沿着蒙元时期所开通的路线。中国的文明传入西方，推动了西方文艺复兴的到来、工业革命的出现。西方的文明也在传入中国的同时，极大地推动了中华文明的发展。

## （二）全球化秩序的重建与人类文明的提升

蒙元出现之前，整个世界尤其是欧亚大陆的东中部呈现出分裂割据的局面，不同文明相互分立，缺乏足够的交流。蒙元王朝的建立打破了这一格局，催生了 13 世纪全球的新秩序与新格局。对此，正如美国学者威泽弗德所言：

> 成吉思汗骑兵的纵横突击与整个十三世纪相始终，他重新划分了世界的疆域。他的业绩不是铭刻于石碑之上，而是体现于他所建立的诸多国家之中。他不满足于小国林立的世界，于是将很多小国合并成几个大国。在东欧，蒙古人将十二个斯拉夫公国和城邦合并成一个巨大的俄罗斯国

家。在东亚，在超过连续三代的经营之后，南宋王朝与满洲境内的女真金国、西部的吐蕃、毗邻隔壁的西夏王朝和畏兀儿王国组合起来，建立了蒙元帝国。由于蒙古人的扩张，他们建立了诸如朝鲜与印度这样的国家，这些国家存留至今，它们的国界与现代的国界线十分接近。

成吉思汗帝国将周围诸文明社会整合进一个全新的世界秩序中。在他出生的1162年，旧世界由一系列的区域文明所组成，几乎每一文明都声称，除最为近邻的文明之外，对其他文明一无所知。在中国没人听说过欧洲，而在欧洲则没人听闻过中国，更无从谈起两者之间的商旅往来。到他去世的1227年，他已经以外交与商业的联系将各区域文明连接了起来，这种联系延续至今。[1]

的确，在蒙元建立之前，整个欧亚大陆都是一个一个分立的王朝及国家，比如东亚的宋、辽、金、夏并立，

---

[1] 〔美〕威泽弗德著，温海清、姚建根译：《成吉思汗与今日世界之形成（修订本）》，重庆：重庆出版社，2014年版，导言，第6页。

中亚的西辽、花剌子模等并立，欧洲更是小国林立。就亚洲来说，这些国家及文明由于文化、习俗的不同，鲜有来往，反而为了利益，彼此之间战争不断，这对于它们的交流与发展而言，无疑是不利的。蒙元的建立催生了新的秩序，在整个境内，交流与合作成了主流，这无疑改变了当时的政治秩序与社会运行模式。有的学者称这种新秩序为"前全球化秩序的雏形"。当然，它有别于我们今日所言之全球化。对此，正如李治安先生所言：

> "前全球化秩序的雏形"是最近十几年人们提出来的一个新概念。我们知道，当今的全球化世界，实际上是一个由资本经济带动起来的现代社会，世界全球化的主要动力是经济的全球化及信息的全球化。而早在这次全球化之前，蒙古人的征服，造成了中西交通空前畅通，已经把欧亚大陆连成了一片。所以，近十年来世界各国的学者，包括当时被征服地区如韩国、埃及、印度、东欧等地的学者，都提出一些类似的说法，认为成吉思汗建立的"世界帝国"以及由它连通的欧亚大

陆是一种"前全球化秩序"。从蒙元帝国版图的发展和延伸来看，它不仅把欧亚大陆的主要文明地区囊括在内，而且首次使东西方世界由相对隔离走向彼此间的经济贸易、文化交流的空前畅通和日趋密切。在这个意义上，也算逐步形成了一种崭新的"前全球化秩序"。诚然，蒙元的全球化秩序与当今的全球化世界相比，毕竟有本质的差距，不能相提并论，故而暂称其为"前全球化秩序的雏形"。[1]

"前全球化秩序的雏形"，这样的提法不无道理。蒙元连通欧亚大陆带来中西文化、经济的密切交流，的确可视作一种全球化趋势。作为欧亚大陆的大一统王朝，相对于以往的割据、分立而言，蒙元的建立不仅使世界文明进入一个全新的阶段，而且重塑了东亚秩序，为此后的明清王朝奠定了政治秩序基础。

蒙元时期为当时区域实现全球化的东亚提供了良好的经济发展环境。尽管蒙古人的征伐对中国的经济

---

[1] 李治安:《元史十八讲》，北京:中华书局，2014 年版，第 4 页。

造成了一定的影响，但并没有因此导致当时整个经济社会的衰退。对此，正如有的学者所言：

> 我们承认元代的经济状况和君主、臣民关系发生了局部的倒退，但经济倒退只表现在北方，江南则呈现持续发展和繁荣。[1]

相比农业、手工业、商业、科技方面的成就，蒙元的全球化商贸及不同区域的文化交流更值得称道。这些交流不仅丰富了不同文明的内涵，而且也加快了不同区域的文明进程。对此，正如有的学者所言：

> 蒙古人没有取得科技突破，没有建立新的宗教，也鲜有著作或剧作问世，也没有给世界带来新的农作物或农业方法。他们自己的工匠不能织布、冶炼、制陶，甚至不会烘烤面包。他们不会制瓷做陶，不会绘画，也不会盖房子。然而，当他们的军队征服一个又一个的文明之后，他们收

---

[1] 李治安：《元史暨中古史论稿》，北京：人民出版社，2013年版，第243页。

　　集每一个文明的所有技术，并将它们传递于各文
　　明之间。[1]

相对于以往的文明而言，蒙元在科技创新方面的贡献
的确非常有限，但蒙元的建立却为不同文明之间的交
流提供了便利。不同文明正是在互通有无的情形下，
丰富了自我，超越了那个时代文明的整体水平。就此
而言，蒙元推动了人类文明的进程，为人类文明的发
展提供了助力。

　　总之，作为中国历史上，也是人类历史上的一个
新阶段，蒙元时期呈现出一种国际化、全球化的视野。
蒙元的建立不仅推动了中西文明、南北文明的交流与
发展，而且促使人类不同文明的成果通过便利的交通
实现了交流与共享。尽管一些文明失去了固有的形态
与成就，但是随着中西文明的互动与交流，中华文明
在蒙元的基础上进一步发展，并为明清时期强盛的大
一统王朝的出现提供了便利。欧洲则在中华文明的滋
养下，随着指南针、火药、造纸术等的推广应用，不

[1]〔美〕威泽弗德著，温海清、姚建根译：《成吉思汗与今日世界之形
　　成（修订本）》，重庆：重庆出版社，2014年版，导言，第6页。

仅打破了旧有的封建与神学束缚，更是开启了大航海时代，为全球化秩序的形成以及人类文明的发展注入了新的活力。

## （三）蒙元与中华民族及文化共同体的形成

中华民族经历了原始社会的萌芽、夏商周时期的发展，开始形成多元一体的格局。在蒙元统一前夕，出现了宋、辽、西夏、金等不同文明形态对峙的局面，同时周边还有大理、吐蕃、畏兀儿等少数民族政权。这种分裂、混乱的局面无疑不利于中华民族共同体的发展，这就需要借助强有力的力量完成统一，否则中华民族多元体便会分裂、瓦解。对此，正如有的学者所总结的：

> 中华民族共同体的形成是中华民族多元体发展的必然结果，当然，这也需要一定的历史机遇。中华民族多元体在经过商周、秦汉、隋唐三个发展高峰之后跌入低谷。自唐朝"安史之乱"后，中国开始滑向分裂的状态，先是有唐末拥兵自重

的藩镇割据，接着有北方轮番更替的"五代"和南方前后分立的"十国"。后周、北宋虽曾看到统一的希望，却都功败垂成，变为宋、辽、金、西夏相互对峙的局面。蒙元王朝建立时，中国处于北有蒙古、西辽，中有金朝、西夏，南有宋朝、大理，西有吐蕃、畏兀儿等多个民族政权并存的状况。这种长达五百余年的分裂混战再延续下去，将会导致中华民族多元体的瓦解，甚至引来外敌的入侵吞并，古代的埃及、希腊、罗马、印度及两河诸国等都有前例可循。中华民族多元体已经走到了不能前进，便将瓦解的转折关口。[1]

中华民族多元体的形成是历史的必然，而且在这个历史发展过程中，多次出现了统一。各民族在统一状态下相互往来，共同推动了中华文明的进步与发展。比如汉代张骞凿通西域，不仅极大地推动了中原汉族与西域少数民族的发展，以及中西文化、文明的交流，更是对中华民族共同体的发展起到了重要的推动

---

[1] 陈西进编著：《蒙元王朝征战录》，北京：昆仑出版社，2007年版，第422页。

作用。蒙元统一前夕虽然出现了分裂割据局面，但是各民族已经通过各种形式的交流，极大地巩固了多元一体的模式。蒙元以高度的汉化以及当时与之并存的宋、辽、金、夏、大理、吐蕃等民族政权所不具有的优势，最终完成了中华民族从多元体向共同体转变的历史任务。

从成吉思汗建立蒙古汗国开始，他所进行的一系列征伐就已经开始推动中华民族共同体的发展进程，而且逐渐将周边少数民族及政权纳入自己的政权体系。比如西北的维吾尔族，当时称畏兀儿，在蒙古汗国建立之前本来归属于西辽。西辽灭亡之后，畏兀儿开始主动归附蒙古。此后，又与蒙古王室通婚，关系变得极为密切。藏族是吐蕃王国的重要组成部分，随着蒙古军队的南下，部分藏族部落开始归附蒙古。1235 年，吐蕃首领归降蒙古汗国，随即被任命为叠州安抚使。到了忽必烈时期，吐蕃被当作平西王奥鲁赤（忽必烈第七子）的世袭封地而正式归于中国版图。东北的女真族在其所建立的金朝灭亡之后，就成了蒙古汗国的一部分。其他东北、东南、西南等各地的少数民族及政权也在元朝建立之后相继成为中华民族的重要成员。

蒙元作为对中华民族共同体发展做出过突出贡献的王朝，不仅统一了蒙古各部落，更是合并了中原各个少数民族政权，并最终实现了大一统。对此，正如忽必烈 1271 年发布的《建国号诏》所说：

> 诞膺景命，奄四海以宅尊；必有美名，绍百王而纪统。肇从隆古，匪独我家。且唐之为言荡也，尧以之而著称；虞之为言乐也，舜因之而作号。驯至禹兴而汤造，互名夏大以殷中。世降以还，事殊非古。虽乘时而有国，不以利而制称。为秦为汉者，著从初起之地名；曰隋曰唐者，因即所封之爵邑。是皆徇百姓见闻之狃习，要一时经制之权宜，概以至公，不无少贬。
>
> 我太祖圣武皇帝，握乾符而起朔土，以神武而膺帝图，四震天声，大恢土宇，舆图之广，历古所无。顷者耆宿诣庭，奏章申请，谓既成于大业，宜早定于鸿名。在古制以当然，于朕心乎何有。可建国号曰大元，盖取《易经》"乾元"之义。兹大冶流形于庶品，孰名资始之功；予一人底宁于

万邦，尤切体仁之要。事从因革，道协天人。於戏！称义而名，固匪为之溢美；孚休惟永，尚不负于投艰。嘉与敷天，共隆大号。[1]

从中我们可以看出，忽必烈强调要继承自尧、舜、禹以来的正统，他自认为其政权性质与之前中原所出现的秦汉、隋唐等没有什么不同。不仅如此，他还参照《周易》中的"乾元"之义，用"大元"作为国号，暗示自开天辟地以来，元朝是超越古今的超级王朝。也就是说，这个政权并不是蒙古一个族的，而是中华民族共同体中的所有民族的。可以说，元朝的建立，标志着中华民族共同体的发展进入了一个全新的阶段。

蒙元建立之后，形成了横跨欧亚大陆的超级大国。它突破了以往中原政权以黄河、长江为中心的核心区域，涵盖了以往以华夏汉族为主体建立的夏、商、周、秦、汉、隋、唐、宋等政权和周边少数民族建立的匈奴、北魏、辽、金、西夏、大理等所涉及的广大区域，由此实现了东、南、西、北四个方向最大限度的延伸。

---

[1] 〔明〕宋濂等：《元史》卷7《世祖四》，北京：中华书局，1976年版，第138—139页。

对此，正如《元史·地理志一》所载：

> 自封建变为郡县，有天下者，汉、隋、唐、宋为盛，然幅员之广，咸不逮元。汉梗于北狄，隋不能服东夷，唐患在西戎，宋患常在西北。若元，则起朔漠，并西域，平西夏，灭女真，臣高丽，定南诏，遂下江南，而天下为一，故其地北逾阴山，西极流沙，东尽辽左，南越海表。盖汉东西九千三百二里，南北一万三千三百六十八里，唐东西九千五百一十一里，南北一万六千九百一十八里，元东南所至不下汉、唐，而西北则过之，有难以里数限者矣。[1]

从中可以看出，蒙元不仅疆域远远超越了以往的汉、隋、唐、宋等政权，而且随着疆域的扩大，以往政权所出现的民族之争、边疆祸患，在这一时期也基本上消除了。换言之，蒙元建立之后，随着一系列"因俗而治"举措的出台与施行，国家治理与边疆管控取得

---

[1] 〔明〕宋濂等：《元史》卷58《地理志一》，北京：中华书局，1976年版，第1345页。

了显而易见的成就与效果。总体来看，蒙元推动了中华民族共同体的发展，为明清时期中华民族的进一步发展奠定了坚实的基础。对此，正如有的学者所说：

> 蒙古民族是在政治、经济、军事、文化等诸多历史条件具备的情况下，促使中华民族由多元体向共同体转化的主要推动者和实际完成者。这是蒙古民族的光荣和骄傲，也是中华民族的光荣和骄傲。[1]

蒙元时期，各民族通过相互交流，无论是在文化、信仰上，还是在日常生活、习俗上等，都发生了一些变化，尤其是对汉文化表现出了认同并能够加以实践，推动了不同民族的相互融合与彼此认同，强化了中华民族共同体的内在凝聚力。比如漠北蒙古人本来信奉萨满教，随着蒙元扩张的进行，佛教、道教、伊斯兰教、基督教、儒学等均传入了蒙古地区。成吉思汗汲取了儒、道方面的思想，窝阔台汗也认可儒学，并在耶律

---

[1] 陈西进编著：《蒙元王朝征战录》，北京：昆仑出版社，2007年版，第435页。

楚材的协助下实行了一系列汉化举措。此外，忽必烈时期，藏传佛教受到推崇，漠北蒙古人信仰藏传佛教的日渐增多。元朝建立之后，很多蒙古贵族出于统治绝大多数中原汉人的需要，也开始学习汉文化，读"四书五经"，甚至从事文学、艺术等方面的创作。正如有的学者所言：

> 与数以千万计的广大汉族人民相比，蒙古人只是极少数。为了统治的需要，也为了生存和日常生活的需要，许多蒙古人努力学习和掌握汉文化。最高统治集团中，像真金太子、仁宗、英宗、文宗、顺帝，大臣中如拜住、脱脱等，都有较高的汉文化素养。元代实行科举，蒙古、色目人右榜虽然与汉人南人左榜要求不同，但考四书五经、用汉文答卷是一致的，因此蒙古官宦之家及普通蒙古平民中，出现了不少用汉文从事理学、文学、史学、书画创作的儒士。[1]

---

[1] 邱树森：《中国历史大讲堂　元朝史话》，北京：中国国际广播出版社，2007 年版，第 125 页。

作为当时的统治阶层，蒙古、色目贵族们也开始注重学习汉文化：不仅掌握汉文化，还推行中原流行的科举考试，并要求参加科举的各族读书人用汉文回答"四书五经"。一些蒙古、色目贵族还主动学习汉文化中的文学、艺术、哲学等，由此强化了蒙古、色目等少数民族对汉文化的认同，也为中华民族共同体的发展注入了新的精神文化力量。

此外，蒙元时期一批来自中亚、西亚的穆斯林，也成为中华民族新的组成部分——回回族。回回族本来成分多元，而且语言文化各异，所以他们不仅给蒙元王朝带来了很多全新的文化，为中华文化的发展注入了新鲜的血液，也在中原长期的居住、交流中接受了汉文化。如有的学者所总结的：

> 回回人在民族成分上的多元性导致了回族文化的多元性。来自阿拉伯、波斯和突厥各族穆斯林，由于种族语言各异，以阿拉伯文字为基础而创制的新波斯文回回字即成为当时回回人中通行的文字，也是元代通行的三种官方文字之一。回回国子监是讲授这种回回字和亦思替非文字（阿

拉伯文）的学校。回回人入华时，带来的穆斯林文化（文字语言学、文学、史学、哲学、阴阳学、医药学、天文学、地理学、工程技术等世俗文化和宗教文化），在回族人民中长期流传。回回家族中不少人从第二、三代开始，广泛地接受汉文化，涌现了一大批卓有成就的诗人、史家、思想家、翻译家、书画家。诗人中以马九皋（又名薛超吾、薛昂夫）、萨都剌、迺贤、丁鹤年最为著名。[1]

作为西北重要的少数民族，回回族以善于经商得到了蒙元统治者的重视，进而在蒙元经贸活动中发挥着重要作用。随着回回人大量进入中国，他们不仅强化了中外之间的经贸往来，更是为蒙元带来了包括文学、史学、哲学、医学、地理学、工程技术等在内的穆斯林文化，由此推动了蒙元时期中华文化、文明的发展。此外，回回人不仅积极主动学习汉文化，还进一步融入中华民族共同体的大家庭，为增强中华民族共同体的凝聚力、创造力提供了新的活力。

---

[1] 邱树森：《中国历史大讲堂　元朝史话》，北京：中国国际广播出版社，2007年版，第132页。

总的来看，蒙元王朝极大地推动了中华民族共同体走向新的发展阶段，尤其是汉文化经由朝野的重视与推广，日渐被周边各少数民族所接受，并成为他们文化的重要组成部分，由此进一步强化了不同民族对于蒙元及中华文化、文明的认同，增强了中华民族共同体的凝聚力。对此，正如有的学者所言：

> 元代多元文化的并存融汇，的确是隋唐文化多样化的繁荣鼎盛以后的又一段值得称道的现象。文化的发展繁荣，需要开放和多样化，也需要多个子文化或子文明之间的彼此碰撞、竞争。像汉武帝"罢黜百家，独尊儒术"的儒学独尊或文化大一统，其实质不外是文化专制主义，是阻碍文化不断进步的障碍或毒瘤。元代文化在格局上的特殊变化就是：由于蒙古入主中原和统一全国，汉地儒家文化的一统天下暂时丧失，蒙古草原文化和汉地文化并为主导性文化，也就是人们常说的蒙、汉二元政治文化。此外还有处于第三极的回回、吐蕃等色目人文化，某种程度上形成

了蒙、汉、色目文化的"三足鼎立"。这无疑是13—14世纪汉地传统文化所受到的一次空前挑战,如同当时汉地王朝正统秩序所受到的"僭越"挑战一样。然后,从中华文化的长时段发展的视野看,蒙、汉二元或蒙、汉、色目"三足鼎立",恰恰能够带来蒙古草原文化、汉地文化、藏传佛教及伊斯兰文化间的相互冲撞,相互影响及涵化,乃至促成前述"多族士人圈"和郭守敬天文科技异军突起等。这显然有利于蒙古、汉地、回回、吐蕃各自文化在多元刺激竞争中不断吸收外部有益营养而良性健康发展。历史发展结局也是如此,汉族、蒙古、回回、吐蕃等族群文化无不是上述多元格局中,迅速丰富和发展壮大,最终成长为19世纪末中华民族和文化共同体的五大组成部分之一。另一方面,正是因为上述多元文化之间的相互冲撞影响及某种程度的涵化,才形成汉、蒙、回、藏族群文化间的你中有我,我中有你,水乳交融,不可分割及汇合内聚的局面,从而顺应中华民族多元一体历史潮流,共同促进了我们多民族统一国家和中华文明的生生不息,发展繁荣。[1]

中华文明源远流长,在不同民族的共同努力下,成为世界文明史上的一枝独秀。蒙古文明作为北方游牧文明,虽然有它自身的渊源与特征,但是其成长与发展却离不开中华文明的启发与滋养。对此,正如马克思所说:

> 除了战争及征服外,成吉思汗的政治才干,乃起源于中国,因此中国的根源,即在这里所产生的中国文化类型,在蒙古国家的内部结构中愈来愈大地占着上风。[2]

可以说,蒙古文明是中华文明滋养、孕育的结果,反过来又推动了中华文化、文明的多元性发展。

总之,蒙元文明源于中华文明。它的出现与发展离不开中华文明的滋养,乃是中华文明母体的一部分。

---

[1] 李治安:《元史十八讲》,北京:中华书局,2014年版,第230页。

[2] 转引自陈西进编著:《蒙元王朝征战录》,北京:昆仑出版社,2007年版,第438页。

蒙元文明作为中华文明不可分割的一部分，也对中华文明的发展做出了重大的贡献[1]，为中华民族共同体的强化提供了助力。不仅如此，作为中华民族共同体内核的文化共同体也得到了蒙元王朝的传承与推动，作为中华文化核心的儒家文化经由科举考试推广到了漠北、中亚等地，不仅为中华民族共同体的进一步发展注入了新鲜的血液，也强化了中华民族共同体内部的凝聚力。

## （四）崖山之后无中华？文化传承与创新

一般都认为蒙元时期是中华文明的黑暗时期，甚至出现一种说法叫"崖山之后无中华"。这句话与"明亡以后无华夏"相并提。说的意思是，宋明两个中原王朝，被蒙满两个少数民族所占领，从而导致中原文明、文化的中断。实际上，元朝灭宋是历史的进步，元朝承上启下，在中国统一多民族国家的发展历程中

---

[1] 关于蒙元对于中华文明的贡献，很多学者都做了可供参考的梳理与探讨。比如陈西进编著的《蒙元王朝征战录》（北京：昆仑出版社，2007年版）。

做出了突出贡献。

崖山之后无中华，这里的崖山，指的是宋元之间发生的最后一次战争——崖山之战。这是一场元朝为了统一而进行的战争，最终以南宋战败、大臣陆秀夫背着末代小皇帝在崖山跳海而结束。当时有10万军民也一并跳海殉难。这场战争标志着元朝基本上实现了对中国的统一。

从明朝开始，就有不少学者比如陈白沙、钱谦益等反复强调"崖山之后无中华"。即使到了今天，还有人一说到蒙元，就强调蒙元的破坏力。实际上，这话说得有点绝对，因为它从文化、文明的角度彻底否定了蒙元，认为中华文化、文明就是在蒙元时期中断了。也就是说，中华文化、文明在蒙元时期出现了断层。客观地说，崖山之后无中华，并不是没有中华，只是没有政治意义上的南宋王朝罢了。蒙元在统一之后，不仅没有中断中华文化、文明，反而促进了中华文化、文明的传承与发展。蒙元的贡献对于明清乃至现代依然有十分重要的意义。对此，正如邱树森所说：

元朝的大统一对中国历史发展的影响是无法

低估的。自从唐朝中期安史之乱后，中国大地上战乱频仍，分裂割据达 500 余年之久。在这 5 个世纪中，各族统治者争权夺利，互相残杀，以致土地荒芜，人民流离，广大百姓蒙受了巨大的灾难，社会进步受到了极大的阻碍。正是由于元朝的统一，长达 5 个世纪的割据对抗、无休止的战乱才得以终止。元朝统一后，在相当长的一段时间内，各族人民在比较安定的环境中从事生产，对社会经济的发展是有利的。中央政府强有力的统治，使西藏从此成为祖国不可分割的一部分，云南地区得到了开发，西北、东北等少数民族聚居地区社会发展有了明显的进步。元朝时期奠定了我国辽阔的版图，中国多民族国家的结构更加牢固了。[1]

正是蒙元的大一统，使得中国结束了唐代安史之乱以后持续数百年的分裂割据局面，为中华文明的传承、发展提供了良好的社会政治环境。蒙元通过实

[1] 邱树森：《中国历史大讲堂 元朝史话》，北京：中国国际广播出版社，2007 年版，开头语，第 2 页。

行因俗而治的民族边疆治理政策，促进了多民族国家的稳定与发展，推动了中华民族共同体的形成。

然而，受到欧美学者"新清史"研究的影响，很多学者也开始重新思考蒙元王朝是不是就是中国的问题。[1] 姚大力强调说，尽管当时蒙古人还没有"中国"的概念，但这并不意味着元朝就不是中国。[2] 实际上，无论是新清史，还是新元史的问题，都关系到了对史学主体性的探究，更为主要的是对"中国"一词的理解。所以，无论是从文化上，还是从地理上而言，新清史、新元史的很多观点都不过是哗众取宠的无稽之谈。

"中国"或曰"中华"一词由来已久，但无论是中华文化还是中华文明，核心与根本在于文化。现在越来越多的学术著作，比如斯宾格勒的《西方的没落》、汤因比的《历史研究》、亨廷顿的《文明的冲突》等都提到了这一点。那么崖山之后或者说元朝统一之后，

---

[1] 姚大力:《怎样看待蒙古帝国与元代中国的关系》，载张志强主编《重新讲述蒙元史》，北京：生活·读书·新知三联书店，2016年版，第20—29页。

[2] 姚大力:《怎样看待蒙古帝国与元代中国的关系》，载张志强主编《重新讲述蒙元史》，北京：生活·读书·新知三联书店，2016年版，第22页。

中华文化真的就中断了吗？

事实上，中华文化不仅没有中断，反而在两宋的基础上得到了进一步的发展，只不过发展太过缓慢、思想太过平庸罢了。中原王朝始终推崇的儒学，尤其是程朱理学在当时也得到了认同与推广。正如有的学者所言：

> 元朝文化领域有一件事情是值得大书特书的，就是程朱理学的官学化。[1]

蒙古文明在成长过程中，注重主动汲取中华文明的思想文化。比如成吉思汗任用了精通中原汉族文化的耶律楚材，并在他的帮助下，仿照金朝官制，建立了类似中原汉族的官僚体制来管理所占领北方各州县的事务。窝阔台汗在耶律楚材的辅佐下，推行"以儒治国"[2] 的政治理念，不但促使蒙古多元宗教文化观发生

---

[1] 屈文军：《元史研究：方法与专题》，北京：中国社会科学出版社，2017 年版，第 78 页。

[2] 周春健：《元代四书学研究》，上海：华东师范大学出版社，2008 年版，第 32 页。周认为："'以儒治国'思想逐渐为蒙古最高统治者重视和采用，是从窝阔台朝开始的。"

转变，也推动了儒学在北方地区的复兴与繁盛。正如萧启庆先生所言：

> 耶律楚材对儒家扶持甚力，而儒家在大蒙古时代得以稍复元气多赖楚材护佑之功。[1]

耶律楚材提倡"以儒治国"，涉及政治、经济、制度、文化、教育等多个领域，目的是"希望能够导致最终在中国北方完全恢复儒家模式的政府"[2]。

忽必烈建立元朝之后，蒙古文明对于中华文明的吸纳更是进入了一个新的阶段。忽必烈统治前期崇信儒学、礼遇儒士，这在保证儒学在北方地区继续传播发展的同时，使之成为北方最有影响的学术思想。如他曾召请王恽、徐世隆等为他讲解"尧舜禹汤为君之道"[3]，因为他"留意经学，挺与姚枢、窦默、王鹗、杨

---

[1] 萧启庆：《大蒙古国时代衍圣公复爵考实》，载《蒙元史新研》，台北：允晨文化出版社，1994年版，第55页。

[2] 〔德〕傅海波、〔英〕崔瑞德编，史卫民等译：《剑桥中国辽西夏金元史》，北京：中国社会科学出版社，1998年版，第440页。

[3] 〔元〕苏天爵：《元名臣事略》卷12《太常徐公》，影印文渊阁四库全书本，台北：台湾商务印书馆，1986年版，第656页。

果,纂《五经要语》凡二十八类以进"[1],等等。《元史·王鹗传》载:

> 冬,世祖在藩邸,访求遗逸之士,遣使聘鹗。及至,使者数辈迎劳,召对。进讲《孝经》、《书》、《易》及齐家治国之道,古今事物之变,每夜分乃罢。世祖曰:"我虽未能即行汝言,安知异日不能行之耶?"岁余乞还,赐以马,仍命近侍阔阔、柴祯等五人从之学。[2]

忽必烈不但自己亲自听汉儒讲解儒家经典《孝经》《尚书》《周易》及修齐治平之道,同时还命令群臣接受儒臣的学术传授。不仅如此,他还重用了一批儒生,并为此改进"儒户"政策,优待各地儒士。他于中统二年(1261)下诏,命诸路学校"凡诸生进修者,仍选高业儒生教授,严加训诲,务要成材,以备他日选擢之

---

[1] 〔明〕宋濂等:《元史》卷159《商挺传》,北京:中华书局,1976年版,第3740页。

[2] 〔明〕宋濂等:《元史》卷160《王鹗传》,北京:中华书局,1976年版,第3756页。

用"[1]。可以说，忽必烈成为大汗之后，更加重视儒学，又"采取故老诸儒之言，考求前代之典，立朝廷而建官府"[2]，沿袭宋、辽、金的汉化制度，在蒙古汗国内建立了一套比较完整的官僚体系。他用人不分民族、不论资格，以至于"自中统元年以来，鸿儒硕德，骎之为用者多矣"[3]。

蒙古汗国时期，成吉思汗、窝阔台汗等对儒学采取包容、利用的态度，推动了儒学的传播。元朝建立之后，元成宗、武宗、仁宗等也多次强调儒学的重要性。元成宗曾在至元三十一年（1294）下诏书，令中外尊奉孔子。元仁宗时期明确地将程朱理学作为科举考试的必考内容。当时的读书人包括蒙古人、色目人，人人都要读"四书五经"，都要研究孔子。孔子在这个时候还被加封为"大成至圣文宣王"，地位无以复加。

蒙元时期，程朱理学实现了自产生以后最大范围

---

[1]〔元〕王恽：《中堂事记》，载顾宏义编《金元日记丛编》，上海：上海书店出版社，2013年版，第137页。

[2]〔元〕苏天爵编：《元文类》卷40《经世大典序录·官制》，台北：世界书局，1989年版，第415页。

[3]〔元〕王恽：《儒用篇》，载《王恽全集汇校》第6册，北京：中华书局，2013年版，第2183页。

的传播，理学已经传入漠北、中亚、西亚等地。如元人马祖常所说：

> 天子有意乎礼乐之事，则人皆慕义向化矣。延祐初，诏举进士三百人，会试春官五十人，或朔方、于阗、大食、康居诸土之士，咸囊书橐笔联裳造庭，而待问于有司，于时可谓盛矣。[1]

朔方、于阗、大食、康居通常指的是蒙古人、色目人所居住的漠北、中亚、西亚等地。也就是说，即使是西亚、中亚、西伯利亚一带的蒙古人、色目人，也都开始接触、学习"四书五经"、程朱理学，这就加速了蒙元的汉化、儒化，提升了他们的文明程度，更是强化了蒙元时期各个民族地区基于文化认同的政治认同、国家认同。

总之，"崖山之后无中华"是一种狭隘的民族主义思想。它将政治与文化的传承相混淆，将南宋政权的灭亡等同于中华文化、文明的中断。事实上，元朝统

---

[1] 〔元〕马祖常：《石田文集》卷9《送李公敏之官序》，元至元五年（1268）扬州路儒学刻本，第550页。

一中国之后，不但没有造成中华文化、文明的中断，反而一方面继承了中原固有的文化精髓——程朱理学，并促其实现了最大限度的传播，另一方面打破了秦汉以来中华文化、文明固守中原版图的封闭性，将西亚、中亚等的文化最大程度地传播进来，刺激了中华文化、文明的反思与借鉴，使其在更广阔的平台得以继续传承、发展。我们甚至可以说，蒙元时期是中华文化、文明走向世界的辉煌时代。

# 小　结

尽管蒙元王朝的崛起与发展给周边的民族及国家乃至欧洲文明带来了巨大的冲击与灾难，但不能否认的是，它的积极作用及贡献远远超过了它所带来的问题。换句话说，蒙元作为世界文明发展史上重要的一段，不仅推动了中华文明的传承与发展，更是开启了欧洲近代文明的曙光。蒙元不仅是中国古代发展史上的一个重要王朝，也是中华民族历史上的正统王朝。关于何为正统，欧阳修等人就曾做过论证。蒙元的正统既有地理上的因素，更有文化上的因素，实际上从孔子开始人们就将文化作为判断正统与否的重要标志。蒙元统治时期，中华文化尤其是礼乐文化始终没有中断，相反，孔孟儒学尤其是程朱理学在更加广袤的空间内得以传播。到了元代，儒者们不仅进一步发展了程朱理学，还在宋代义理之学的基础上做了更加细致的考证、阐释与完善理论的工作。也正因为此，宋元理学一脉相承，并为明清理学的传承与发展奠定了重要的学术思想基础。

由此看来，"崖山之后无中华"的说法颇为偏激，也非常片面。它将政权与文化紧密挂钩，忽略了宋元明时期中华文化一脉相承的史实，甚至具有狭隘的民族主义倾向。蒙元王朝不仅传承、发展了中华礼乐文化，更是凭借强大的军事实力完成了包括中原在内的四海统一工作。在这个大一统王朝境内，各民族之间商贸、文化往来频繁，甚至海外的文化、文明也开始在蒙元境内传播，由此为中华文化、文明的发展注入了新鲜的血液。蒙元是中华文明的重要组成部分，也是全球文明史中不可或缺的一环。我们甚至可以说，在中华文明史上，蒙元居功甚伟。

# 六、蒙元王朝兴衰带来的历史启示

　　蒙元是中国历史上独一无二的王朝，不仅在疆域上创造了奇迹，更是在文化、文明的发展上展现了其具有国际化视野的一面，中西文化、文明由此实现交流与共享。蒙元之所以能够在短期内崛起，有很多因素，其中最重要的莫过于当时的领袖人物——成吉思汗、忽必烈等人的格局与制度创新。他们之所以能够如此卓越，很大程度上在于对当时先进文化的一种自觉认知与践行。即便是在中华民族日益强大的当下，我们依然离不开类似的文化自觉。无论什么样的文明形态，都需要有文化作为内核，作为其内在支撑与凝聚民众的力量，这就需要我们时刻不忘文化主体性建设。王朝的兴衰成败，并不仅仅是政治上的问题，更是文化上的认知与思考问题。因为文明的动力是文化，是基于人类对自我认知的反思与对意义的重建。

## （一）英雄的出现与蒙元的文化自觉

　　蒙元与中国历史上乃至世界历史上的其他王朝一样，之所以能够在短期内崛起，自然离不开领袖人物的作用与贡献。尽管蒙古汗国的广袤疆土是四大可汗共同的功劳，但是成吉思汗却在其中扮演着主要角色。因为在统一蒙古草原各部落的同时，他还组建了巩固统治的黄金家族。此外，借助当时的萨满教改革，他进一步强化了中央汗权，成为当时至高无上的统治者。除了对黄金家族的经营，他带领军队将蒙古势力扩张到了中亚、西亚乃至欧洲，并制定、完善了千户制度、驿站制度、怯薛制度、分封制度、行省制度等。文化方面，他广招贤士，博采众长，允许人们有不同的宗教信仰。这些都充分体现了他作为一代枭雄的胸怀与格局。正如尊号"成吉思汗"的寓意一样，他是"拥有海洋四方的大酋长"。

　　蒙元的崛起还离不开英雄人物成吉思汗、窝阔台汗等的意识觉醒，也就是文化自觉。文化自觉是一种内在的精神力量，是对文明进步的强烈向往和不懈追求，是推动文化繁荣发展的思想基础和先决条件。蒙元之所以迅速强大，是因为在蒙古汗国时期积极吸收、利用各民族的优秀文化；之所以迅速衰亡，是因为在一些方面故步自封。具体而言：

首先，成吉思汗作为蒙元的缔造者，在建立蒙古汗国初期，眼界便超越了同时代的其他人。他对落后的蒙古部落进行了全方位的改革，从而建立了全新的制度与机制，包括改造萨满教，推行宗教信仰自由政策、千户制度、怯薛制度、驿站制度等。他甚至还颁布了《大札撒》，这是蒙古族的第一部成文法典，极大地推动了蒙古族由野蛮走向文明。成吉思汗的文化自觉及对文明的渴望与不懈追求，在短期内促使一个落后的草原马背上的民族，迅速发展为一个在当时北方草原上非常先进的国家。与其说成吉思汗及其后继者利用军事优势征服了中亚、西亚、欧洲各国，不如说他们的文化理念、创新意识战胜了这些地方。

作为蒙古汗国的奠基者，成吉思汗始终秉持兼收并蓄、谦虚学习的态度，不仅广泛吸收各民族、各个国家的文化智慧，还招揽各种人才。比如他曾专门拜访全真道教的丘处机，向他请教如何治国，也向大儒耶律楚材询问过类似的问题，等等。丘处机、耶律楚材都宣扬以德治国。成吉思汗接受了他们的建议，并将该理念付诸实施。不论是丘处机，还是耶律楚材，他们所说的以德治国，是中原几千年治国理念的精髓。它比蒙古民族所固有的掠夺屠城理念要先进、文明很多。从某种意义上说，蒙古汗国的建立就是一种进步，相对于蒙古草原部落、氏族社会无疑也是一种文明的崛起。

其次，成吉思汗的后继者也充满了文化自觉与积极探索的精神。成吉思汗去世之后，他的儿子窝阔台即位，窝阔台汗也积极学习中原先进的治国之道。比如接受汉儒耶律楚材的建议，对蒙古汗国的赋税、法律、政治进行了一系列的汉化改革，进一步推动了蒙古汗国由游牧文明走向农耕文明。又比如：推行汉族的赋税制度，以户为单位，从而减少了蒙古人、色目人征税的随意性；推行科举考试，一次性录用4000多名儒生，让原来很多已经沦为奴隶的儒生摆脱了奴隶身份，有机会发挥他们在治国理政方面的才能；在哈剌和林建立了蒙古汗国的首都，改变了蒙古政治中心随时迁移的状态。正是窝阔台汗积极追求文明进步，才推动了蒙古汗国的迅速扩张，并使汗国的版图第一次延伸到了欧洲。可以说，窝阔台汗、耶律楚材对汉法的推广，在某种意义上，就是游牧文明迈向农耕文明的一种外在表征。毕竟，汉法是农耕文明的思想结晶。

最后，成吉思汗的孙子忽必烈，因为自幼受到母亲的影响，喜欢儒学。他对中原先进文化的重视与践行，也为他日后建立中原王朝奠定了重要的基础。也就是说，正是由于忽必烈重视儒学，所以他才将蒙古汗国部分改变为类似中原的王朝。元朝建立之后，忽必烈没有沿用蒙古汗国的旧制度，而是在儒生的辅助下，建立了一套与中原王朝类似的礼仪制度。比如在元大都建立了太庙，用来祭祀祖先。忽必烈的文化自觉，推动了蒙古汗国的文明进程，使它从一个落后的游牧政权，转变为一个在当时非常先进的中原农耕文明政权，极大地提升了蒙古民族的文明程度。

总之，蒙元统治者的文化自觉促使他们注重吸纳不同民族、文明的文化，蒙元也因此成为隋唐之后非常包容、文化多元的时代。正如有的学者所言：

由于是北方蒙古族入主中原进而统一全国，元朝迎来了继魏晋隋唐之后第二个文化多元的时代。与隋唐相比，元代进入中原汉地的异域文化，门类更多，内容更丰富，与汉地本体文化的相互撞击、冲突、融合、吸收更为频繁深入。进入中原汉地的，首先是统治民族的蒙古游牧文化。因为成吉思汗强调其子孙必须恪守草原习惯和祖训，因为元世祖忽必烈坚持"内蒙外汉"的二元政策，蒙古游牧文化对元王朝的影响当然是最主要和最深刻的。其次是中亚西亚的伊斯兰文化，欧洲及西亚的基督教文化等。蒙元帝国的建立和欧亚之间陆路和海路更为畅通，自波斯、阿拉伯、钦察、阿速、俄罗斯东来入居中国者达到近200万人。这就大大促进了伊斯兰文化和基督教文化在中国的流传。再次是吐蕃喇嘛教文化的东来。这是吐蕃人用汉地密宗与本体苯教融会深化后的"回馈"，而且是与忽必烈等蒙古上层联手的"回馈"。它丰富了中国佛教的教义及派别，还成为蒙古上层的最高信仰，后又影响到明清及以后蒙古族的精神世界。基于上述多种异域文化进入中原的情况，论者用粗放性、兼容性、交流性来概括元代文化多元的特征，大体符合历史事实。[1]

正是由于蒙元统治者注重不同民族、文明的文化，才使得各种文明及文化得以在王朝境内传播、发展，互相融合、吸收，从而为蒙元王朝的发展、壮大提供了思想资源。此外，不同的文化、文明之间的融通，也在为彼此提供新思想的同时，传承、发展了本民族的文化与思想。

反过来讲，蒙元的迅速衰亡也与其在一些方面的故步自封脱不开干系。蒙元时期的王位继承制度便是典型。无论是蒙古汗国，还是元朝，都没有利用当时中原已经存在上千年的嫡长子继承制，导致蒙元100多年的时间里内部政治斗争不断，最终也引发了蒙古汗国的瓦解、四大汗国的独立。蒙古大汗国由此蜕变为元朝，一个超级大国迅速衰落。即使是元朝的诸位皇帝，也没有吸取蒙古汗国的经验教训：一方面，继

---

[1] 李治安:《元史暨中古史论稿》，北京：人民出版社，2013 年版，第237 页。

续坚持蒙古利益优先，虽然立足于中原王朝，却没有采纳中原先进的嫡长子继承制，导致因争夺皇位而兄弟相残不断；另一方面，除了忽必烈之外，其他的皇帝、贵族在学习中原先进的治国理念方面，表现得也不积极。

当然，这种本位主义思想在成吉思汗、忽必烈那里也都有体现。成吉思汗始终没有放弃萨满教的统治地位；忽必烈虽然借助儒士大夫的力量获得了汗权，随即大力推崇儒学，但在统治后期他却弃儒学而转向藏传佛教，封八思巴为国师，立藏传佛教为国教，连他本人及其后妃等也都皈依了佛教。在他的影响下，佛教成为元朝最有影响力的宗教。元朝后来的几位皇帝与很多贵族，对儒学、汉化非常排斥，他们虽身处中原却连汉语也不会说，即使是当时主持编修宋、辽、金史的宰相脱脱也不会汉语。这些都极大地影响了他们的治国理政，更不用说，积极吸纳中原先进的儒学来维持元朝的强大。对此，正如李治安先生所言：

> 元朝吏治的败坏，说到底还是因为行汉法不彻底。如果按照汉法，把官场吏治与儒家教化配

合到一起，在职务设置、监察乃至道德教化诸方面形成一套规则制约，对官吏贪污的遏制作用可能要大一些。但是在元朝，汉法中制约吏治的许多行之有效的办法没有得到很好的采纳和贯彻，反而被蒙古草原"撒花"习俗遗存所冲淡、所干扰。[1]

蒙元统治者始终坚持本位主义理念，他们在主动汉化和吸收各种文化的同时，也固守传统落后的理念与习俗。尤其在入主中原、建立元朝之后，他们更加难以接受中原汉法治国理念中的思想与精华，以至于迅速失去了对整个王朝的控制，导致王朝紊乱与衰亡。此外，中国发明的火药、造纸术、指南针，也没有得到蒙元统治者应有的重视，反而通过阿拉伯商人，传到欧洲，为西方人所利用，推动了西方国家与民族的崛起。

　　相比较而言，中国历史上出现过盛世的汉唐，也都奉行开放的政策，有一种内在的文化自觉，枳极吸

---

[1]　李治安：《元史十八讲》，北京：中华书局，2014年版，第216页。

纳各方面的文化。汉武帝时期张骞凿通西域，开通了丝绸之路，带来了中亚、西亚文化；唐代在全盛时期，也是以包容的心态，吸纳中西一切优秀文化。清朝与元朝一样，都是少数民族建立的政权，但是清朝之所以能够统治如此长时间，很大程度上就源于对各种文化的吸纳。比如：刚刚入关之际，接纳中原先进的儒学，积极汉化，并建立了一整套的汉化制度；康乾时期，将程朱理学作为官学与官方意识形态，同时还积极向西方传教士学习西方先进的科学技术；到了中后期，又积极开展洋务运动，学习西方先进文化，变法维新，等等。清朝统治中国长达近300年，而元朝则不到100年。

总之，文明的根本在于文化，而文化相对于政治、经济、军事来说，是软实力。文化自觉可以推动意识觉醒，最终又可转化为行为自觉，进而改变自我与世界。蒙元统治者便是通过文化自觉及对文明的追求，实现了蒙古汗国的迅速崛起。此外，他们积极学习各种先进文化、文明，加速了蒙古民族的文明进程，也推动了人类文明的发展。正如学者所言，蒙元"拉开了人类全球化时代的序幕"：

　　马可·波罗所描述的蒙古大汗统治的中国的
繁荣与富足，吸引了许多欧洲王公、商人与航海
家。由于 15 世纪时中近东受奥斯曼帝国的统治，
传统前往东亚的航路受阻，西方航海家不断努力
寻找通往东方的新航路：葡萄牙船海家选择了绕
过非洲好望角的航线，意大利航海家哥伦布基于
大地球形说，坚信从欧洲向西航行也能到达中国。
经过坚韧不拔的努力，最终到达美洲，标志着人
类历史新时代的到来。而追根溯源，大航海时代
肇端于马可·波罗，起源于欧洲人对成吉思汗所
创造的蒙元帝国的向往。

　　虽然欧洲人自古希腊时代起就知道地球是圆
形的，但并没有能力从事跨越大洋的远航。正是
因为蒙元时代中国的磁罗盘与火炮技术的西传，
使海船的攻击力与防卫力空前提升，并可在茫茫
大洋中做地理与航向的定位，使只船片帆也具备
了远航未知海域的能力。15 世纪开始的西方殖
民者的大航海与地理大发现正是建立在这一基
础之上的。由此，世界各地区的历史连为一体。

而只有在世界市场形成的基础上，才会出现工业和科学技术的革命。在这个意义上讲，成吉思汗和他开创蒙元帝国，拉开了人类全球化时代的序幕。

因此，身处全球化时代的我们，在认识到成吉思汗打通了东西方经济文化交流壁垒的基础上，进一步看到了蒙元帝国的建立，改变了世界历史发展的方向，拉开了人类活动全球化的序幕。在这一层意义上看，成吉思汗不仅是蒙古民族的英雄，是中国历史上堪比秦皇、汉武的明君，也是开启了人类历史新纪元的千年伟人。[1]

蒙元传播了中华文化、文明，尤其将农业文明中所产生的科技文化传入西方，这就使中西方不同的文明，经过融通质变而变得更加强大，由此推动了人类全新时代及全球化时代的到来。从这个意义上讲，文化也是硬实力。文化的崛起，才是一个大国真正崛起的标志。西方文艺复兴时期，人们从古希腊、罗马那里获

---

[1] 刘迎胜：《蒙元史考论》，兰州：兰州大学出版社，2014年版，第641页。

取智慧，从而获得思想解放，开启世界闻名的工业革命，掀起轰轰烈烈的资产阶级革命，最终打破欧洲封建专制制度，建立起一系列的欧洲强国。可以说，文化自觉不仅让蒙古人崛起，更是帮助欧洲人走出了黑暗的中世纪。走出黑暗的欧洲人还将先进的科学技术、民主自由、哲学文化带向了全世界，推动了世界各国的革命，其中就包括中国的新文化运动与社会主义国家的建立。

## （二）文明的全球化与文化的主体性

蒙元是中华民族有史以来最为强盛的王朝。这个横跨欧亚大陆的超级帝国的建立，极大地推动了中华文明及人类文明的进程。也就是说，蒙元时期，统治阶层以其强大的内政外交能力，极大地促进了境内外不同类型文明的交流。这不仅增强了中华文明自身的凝聚力、创造力，更是提升了中华文明的国际化水平及声誉。对此，正如有的学者所言：

从成吉思汗到忽必烈，蒙古文明不仅将自己

与中华文明内其他各种类型的文明凝聚在一起，而且把中亚、西亚、欧洲等世界各地的文明成果引进中国，形成了世界多种文明交流并存的宽容环境，使中华文明能够广采博纳，融会吸收，这是对中华文明经久不衰的凝聚力的增强和补充。……蒙古文明以自己蓬勃爆发的创新能力为中华文明的创造力增添了熠熠光辉。它组织了世界有史以来最为强大的骑兵，它发动了世界冷兵器时代最大规模的远征，它创造了世界当时最为高超的军事艺术，它统治了世界中古时期版图最为广阔的国家，它建造了世界当时最为繁华的国际都市——元大都，它设置了世界当时最远距离的交通联络系统——驿站网，它开辟了世界当时最为广泛的各民族的文明交流……蒙古文明使中华文明薪火相传的创造力又一次得到了前所未有的扩展和提高。[1]

尽管在汉唐时期，中国就已经在国际交流领域有过巨

---

[1] 陈西进编著：《蒙元王朝征战录》，北京：昆仑出版社，2007 年版，第 446 页。

大的贡献，但是较汉唐而言：蒙元一方面以强大的武力实现了欧亚最大限度的统一，为境内各个类型文明的交流、合作与发展提供了诸多便利；另一方面，在继承中华文明的同时，也凭借更加强大的实力与创造力，比如骑兵、远征、元大都、驿站等为中西方的文明交流提供了前提。通过交流，中华文明的内涵得以丰富，活力得到进一步的释放。可以说，蒙元时期，随着大一统王朝的建立，境内不同类型的文明也开始交流、合作，加快了华夏文明与各种类型文明的融合。就中华文明的整体性而言，境内多元文明的对立日渐消亡，而中华文明的一体性则与日增强。不同的文明相互依存、相互融合，日渐成为一体。

蒙元是北方蒙古族建立的政权，蒙元文明是中华文化与文明不可分割的一部分，在中国乃至世界文明史上都占有重要的位置。就中国文化、文明的发展来说，我们常说汉唐盛世，但是它们整体的世界影响力远不及蒙元。毕竟，汉朝最强盛的时候，西方还有罗马帝国的存在；唐代最强盛的时候，西边还存在着一个阿拉伯帝国。而蒙元建立之后，则独步世界，是当时真正的世界第一强国。

不仅如此，蒙元时期，中华文明与境外文明之间的交流、合作开始变得频繁，由此改变了中华文明乃至世界文明的基本格局，区域全球化趋势日益突出。比如在东亚，汗国建立之初，蒙古就与高丽建立了"永为兄弟"的盟友关系。虽然在此过程中出现了波折，但是元仁宗以后，元朝与高丽之间的交往就实现了正常化。终元之世，彼此都保持着良好的关系。元朝末年，高丽国王还曾派兵帮助元朝镇压农民起义。至于中国一衣带水的邻邦日本，虽然忽必烈时期对日本的屡次远征，导致彼此关系对立，但是中日民间的经济、文化交流却始终没有中断。东南亚的越南、缅甸、柬埔寨等国，则在元成宗以后，始终与元朝保持着睦邻友好的关系。一言以蔽之，蒙元为东亚文明的一体化做出了突出贡献。

文明的全球化是必然的趋势，更是人类发展的必然诉求。随着人类活动的频繁及科技日新月异的进步，人与人、国与国、洲与洲之间的距离越来越近，不同地域的文明程度也越来越趋同。与此同时，文明的全球化也会带来不同国家与文明之间的冲突，而这种冲突的内因自然是文化观念。蒙元统治阶层当时为了消除这种境内冲突，实际上也极力强化文化统一性的建设。在全球化的今天，尽管文明的全球化趋势日益突出，但这在促进人类进步的同时，也给主权国家带来了很多的风险。为了抵御种种风险，就要加强自身的文化建设，即强化文化主体性。

文化主体性建设，对强化统治阶层的主体意识、捍卫他们的既得利益有十分重要的意义。蒙古汗国尽管四处征战，并最终演化为带有中原王朝特征的大一统王朝，但是始终没有放弃文化主体性建设，外在表现便是维护统治阶层既得利益的宗教信仰自由政策、千户制度、驿站制度、分封制度等的确立。即使到了元代，忽必烈也始终没有放弃蒙古本位主义思想。然而在建设过程中，蒙元统治者却忽视了文化所具有的时代性、社会性、阶级性等特征，从而导致本位主义盛行，并最终因固步自封、墨守成规而使王朝陷入困境与落后之中。换句话说，文化主体性建设离不开对其他优秀文化的吸收借鉴，更离不开对客观现实及社会阶层需求的综合考量。科学而富有时代性，是文化主体性建设的基本要求。

总之，蒙元推动了区域文明的全球化，并在其发展的早期始终没有放弃文化主体性的建设与强化。毕竟文化主体性至关重要，不仅仅关系到不同族群的文化认同与王朝统治的稳定。可以说，文化是软实力，是大国崛起的关键所在，也是使蒙古汗国迅速强大的重要因素。其他世界强国，如欧洲列强的崛起也是如此。欧洲之所以能够走出黑暗的中世纪，并出现了西班牙、葡萄牙、英国、法国等一批世界级强国，根本原因就在于文化的崛起。当时，文艺复兴解放了人们的思想，并催生了一系列先进的指导思想，比如科学、民主、自由等，最终推动了欧洲的革命，使人们摆脱蒙昧，实现了国家、民族的强大。即使在今天，我们尽管在科技、军事、政治、经济等领域取得了举世瞩目的成就，但依然不可忽视文化软实力、文化主体性建设，否则就会阻碍甚至滞后中华文明的崛起。文化主体性建设，离不开对传统的继承与发展，更离不开对传统文化价值与话语体系的现代化转换。做好文化主体性的建设工作，不仅可以帮助我们建立更加有效的文化认同体系，更是可以帮助我们实现基于文化认同的政治认同与国家认同。

# 参考文献

［1］ 白玉林、曾志华、张新科主编:《元史解读》,北京:华龄出版社,2006年版。

［2］ 陈得芝:《蒙元史研究丛稿》,北京:人民出版社,2005年版。

［3］ 陈得芝:《蒙元史研究导论》,南京:南京大学出版社,2012年版。

［4］ 陈得芝:《蒙元史与中华多元文化论集》,上海:上海古籍出版社,2013年版。

［5］ 陈高华:《元史研究论稿》,北京:中华书局,1991年版。

［6］ 陈高华、张帆、刘晓:《元代文化史》,广州:广东教育出版社,2009年版。

［7］ 陈高华:《元朝史事新证》,兰州:兰州大学出版

社，2010 年版。

[8] 陈西进编著:《蒙元王朝征战录》,北京:昆仑出版社，2007 年版。

[9] 韩儒林:《穹庐集》,石家庄:河北教育出版社，2000 年版。

[10] 韩儒林主编:《元朝史（修订本）》,北京:人民出版社，2008 年版。

[11] 胡昭曦主编:《宋蒙（元）关系史》,成都:四川大学出版社，1992 年版。

[12] 李旸:《马背帝国风云录:十三世纪的蒙古大汗们》,北京:当代中国出版社，2009 年版。

[13] 李治安:《元史暨中古史论稿》,北京:人民出版社，2013 年版。

[14] 李治安:《元史十八讲》,北京:中华书局，2014 年版。

[15] 刘登阁:《元亡明兴:中国历史大变局》,北京:北京图书馆出版社，2007 年版。

[16] 刘晓:《元史研究》,福州:福建人民出版社，2006 年版。

[17] 刘迎胜:《蒙元史考论》,兰州:兰州大学出版社，

2014 年版。

[18] 梅朝荣：《超级帝国：破解中国最强悍王朝的密码》，武汉：武汉大学出版社，2006 年版。

[19] 邱树森：《妥懽贴睦尔传》，长春：吉林教育出版社，1991 年版。

[20] 邱树森：《中国历史大讲堂　元朝史话》，北京：中国国际广播出版社，2007 年版。

[21] 屈文军：《一本书读懂元朝》，北京：中华书局，2013 年版。

[22] 屈文军：《元史研究：方法与专题》，北京：中国社会科学出版社，2017 年版。

[23] 申万里：《教育　士人　社会：元史新探》，北京：商务印书馆，2013 年版。

[24] 史卫民：《元代社会生活史》，北京：中国社会科学出版社，1996 年版。

[25] 王岗：《天师、帝师与元帝国：元代卷》，合肥：安徽人民出版社，2013 年版。

[26] 温海清：《从游牧部落到世界性帝国：元》，上海：上海人民出版社，2018 年版。

[27] 薛磊：《元代宫廷史》，天津：百花文艺出版社，

2008 年版。

[28] 姚大力:《元朝风云》,长春:长春出版社,2007
年版。

[29] 张志强主编:《重新讲述蒙元史》,北京:生活·读
书·新知三联书店,2016 年版。

[30] 周良霄、顾菊英:《元史》,上海:上海人民出
版社,2003 年版。

[31] 〔美〕亨廷顿著,周琪等译:《文明的冲突与世
界秩序的重建》,北京:新华出版社,1998 年版。

[32] 〔英〕肯尼迪著,王保存等译:《大国的兴衰》,
北京:中信出版社,2013 年版。

[33] 〔波斯〕剌失德丁原著,周良霄译注:《成吉思
汗的继承者:〈史集〉第二卷》,上海:上海古籍
出版社,2018 年版。

[34] 〔加〕卜正民著,潘玮琳译:《挣扎的帝国:元与
明》,北京:中信出版社,2016 年版。

[35] 〔美〕威泽弗德著,温海清、姚建根译:《成吉
思汗与今日世界之形成(修订本)》,重庆:重
庆出版社,2014 年版。